目　录
CONTENTS

导论

税收国家

生产国家

福利国家

余论

结束语

导　论

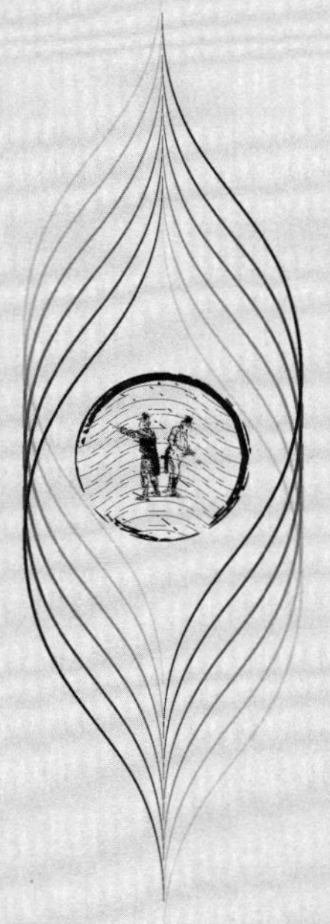

财政国家：

走向现代国家在财政上有几步？

我们几乎每天都能碰到“国家”这个词，但什么是国家呢？有人把它简单地理解为政府或者说国家机器，在很多时候我们也习惯于混用“国家”和“政府”这两个词，比如“国家干预”与“政府干预”几乎是一个意思。这么做，当然有一定的便利性。不过准确地说，国家是人类为了自己的生存与繁荣而创建出来的以公共权力为核心的共同体，这样的国家既包含行使公共权力的政府机构，也包含在公共权力支配下的人群共同体。

一百多年来，中国人一直行进在朝向现代国家的道路上。在中国实现现代化，迄今为止仍是可以凝聚中国人最大程度共识的目标。可是，什么是现代化？一个国家如何才能实现现代化？现代国家又具体呈现出什么样的特征？

走向现代国家的动力，虽然蕴含在每一个国家的内部，但是成为现代国家并不能一蹴而就，而且也不是所有的国家都能顺利成长为现代国家的。

有学者曾经撰文描述过这么一个国家：该国保持了二十多年的快速增长（年均经济增长速度超过 10%）；该国政府非常强势，牢牢控制着社会；该国实行非常自由的市场经济，同时对外开放；在外向型经济的带动下，该国的渔村一下子变成工业化城市；该国分配不公的现象不断恶化，腐败问题常被人诟病，权力与资本的结合日益成为问题；在该国的学者中有一种流行的说法，说腐败不是大问题，甚至说腐败乃是经济发展动力；该国银行系统烂账很多，金融体系不健康。

以上这些现象，是不是让你感觉到有点眼熟？其实这位学者说的是 1998 年之前的印度尼西亚。在走向现代国家的过程中，有不少国家都曾一度取得快速的经济增长，以至于自认为（也被别人认为）即将成为发达国家。但往往这些国家就是会在发达国家门槛前摔上一跤，跌出最有希望国家的行列，落入所谓的“中等收入陷阱”而难以自拔。印度尼西亚至今还不能说已经脱离这个陷阱。学者们还经常以拉丁美洲国家为例，认为它们已落入这个陷阱一百多年。美国学者西蒙·库兹涅茨（1901—1985）曾经说过，存在着一个发达国家俱乐部，其成员自 19 世纪以来几乎没有改变过，最多只是成员的位次有一定的调换。到 21 世纪的今天，这个俱乐部恐怕依然存在，无数国家渴望加入，但真正能成为会员的却少之又少。

当然，此处所说的发达国家，与前面说的“现代国家”还不完全一致。在我们的心目中，现代国家除了经济发达（就目前来说一般认为至少人均 GDP 为 2 万美元，并伴随高度的工业化和城市化）之外，还具有政治民主、法制健全、治理得当、社会自由、文化多元等特征。如果用这些标准来衡量的话，那在当今世界 200 多个国家中，只有 30 个左右能称得上是真正的现代国家。之所以如此，用经济史学家卡尔·波兰尼（1886—1964）在《大转型》一书中的话来说，那是因为一个国家要变成现代国家，就必须经受"开颅剖腹般手术"。可是，很少有国家愿意或者能够经受这样的手术。

从全球的视野来看，这样的现代国家首先出现在 16 世纪以后的西方世界，并因此向世界其他地区显现出未来的景象和赶超的对象。所以怎么走向现代国家，我们需要看看西方的经验。奥地利共和国第一任财政部长、著名思想家熊彼特（1883—1950）说过这么一句话，"一个民族的精神、文化水平、社会结构等，都写在民族的财政史中"。我想为你做的，就是解读写在西方财政史中的智慧，揭示主导西方人走向现代国家的秘密。

所以，这本书的打算是，从财政视角就 15 个特定的选题来讲述西方实现现代国家的进程，以供正走向现代国家的中国人借鉴参考。我把从财政视角加以考察并因此呈现出来的国家样态，称为财政国家。在后面的文本中，我将要说明的是，西方走向现代国家的过程，就是这样的财政国家逐渐呈现出税收国家、生产国家、福利国家等面相的历史进程。或者说，西方走向现代国家，就财政来说乃是经历了税收国家、生产国家、福利国家等步骤。对不同的国家而言，这样的步骤或早或晚、或急或缓。

本篇是全书的导论，在此我要简单交代书中使用的一些概念术语以及我对历史阶段的划分，以便为我接下来要叙述的内容打下基础。

（如果你读过《何以帝国：从财政视角再看中华史》一书，会发现有些概念术语是相同的，不妨复习一下，另外还有一些概念术语则是新的。）

财政公共性在走向现代国家进程中不断地实现

“财政”是一个常见的名词，在使用时主体一般指国家（或者说政府），跟私人财务相对。私人财务指的是个人处理自身的钱财收支与管理问题，财政一般专指国家对自己钱财的收支与管理问题。在表面上，国家财政与私人财务都是对钱财的处理，可在性质上却有很大的差别：财政兼具公共性与强制性，可私人财务既没有强制性也谈不上公共性。因此，我们可以把财政理解为，为了公共需要而运用强制力量获得并运用钱财的活动。

如此对财政所下的定义，也许并不能让很多人信服。比如，有人会说，财政的强制性谁都能体会得到，不缴皇粮国税要受罚甚至要掉脑袋，可怎么能看出它的公共性呢？自古以来不就是一帮“人上人”为了自己骄奢淫逸的生活，靠暴力向老百姓强制性地要钱要粮要人力吗？

如果这么想的话，那就把问题想简单了。没错，依靠暴力可以获得钱财，但暴力并不能使这一行为合法化。唯一能让强制合法化的途径，就是被强制者自己也会同意这种强制；而被强制者之所以同意，是因为强制力量的运用目的是为了公共的需要。

在人类历史的长河中，装载强制力的国家机器有多种形态，掌握这种强制力的统治者也有不同的表现。在人类发展的初期，公共性可能非常不明显，让人只看到强制性；但是，越是到现代，这样的公共性就越发地凸显，强制性反而隐没在背后。换言之，强制力应该受到公共性的约束，这一道理只有到人类历史发展的后期，人们才会越来越明白。具有公共性的强制力，我们称为公共权力，人类的历史可以看作是一部公共权力的实现史，或者说可以看作是统治权不断地变得公共化，最终人类实现自我统治的进程。因此，财政的公共性是逐渐成长起来的，它跟国家的发展阶段有关，现代国家是财政上最大程度实现公共性的国家类型。

国家发展的三个阶段

在我看来，国家可以分成三个发展阶段，即城邦、帝国、现代国家，也因此构成三种国家类型。就西方世界的历史发展来说，古希腊和罗马共和国时期大致为城邦阶段，从罗马帝国开始直到中世纪晚期大致处于帝国阶段，而自中世纪晚期（16、17 世纪）开始西方就逐渐地走向现代国家（当然，西方各个国家的进程也不一致）。本书从财政视角考察西方“何以现代”，就是要阐明西方世界在从中世纪走向现代的过程中所凝聚的财政智慧。

上述这样的阶段划分，依据的是国家组成的必备要素以及支撑点的不同。国家组成的必备要素有人口、土地、公共权力三个，在不同的发展阶段，这三个要素的重要性不同，其中发挥最重要支撑作用的要素可以称为支撑点。

先来看城邦。这是国家发展的早期阶段，此时的国家基本上都是一个个散落的人口聚居点，土地有的是，相比之下人口就显得特别稀缺。所以，城邦国家的支撑点就是人口。谁能笼络住更多的人口，谁就掌握了最宝贵的资源，谁就能发展得更好。而所谓发展得更好，标志就是人口能够不断地生存和繁衍。城邦的领袖都是什么人呢？是宗教领袖、家族长辈、军事首领、特殊贡献者或者具有特别管理才能的人，总之是一个人群中具有人格魅力的人在行使公共权力。这样的公共权力结合了统治权和个人魅力，我们一般称它为权威。那自然而然地，城邦时代的公共权力就具有高度的私人性。

到了城邦后期，随着人口繁衍，土地相对于人口来说开始变得稀缺，于是对外夺取更多的土地，对内更有效率地使用土地就成了国家发展的内在逻辑。这样，就出现了以土地为支撑点的新国家阶段，这就是帝国。这个时候，君主的统治权实际上就来自对土地的所有权，统治权开始表现出一定的公共性，但还是和统治者的家族私人结合在一起。在帝国时期的公共权力，结合了（土地）财产所有权与统治权，我把它称为君权。

君权具有公共性，但仍保留很强的私人性。

到了帝国晚期，事情又开始起变化了。经过长年累月争夺土地的战争，国家和国家之间的领土边界逐渐确立，人口也相对固定了下来。此时帝国很难再依靠向外扩张获取土地了，于是用制度来更有效地配置人口与资源，从内部寻求国家的发展就成了应有之义。在部分国家率先开始的工商业经济就是这么发展起来的，它让整个共同体慢慢超越了农耕经济的层次。工商业经济活动高度依赖于个人的努力，这就需要国家用公共权力来确立并保护私人产权关系和自愿交易行为，而由君主来行使公共权力的帝国制度显然无法承担这样的使命。于是生活在这片土地上的人口就要求，得有一个经过公众同意后形成的组织（代议制机构）来行使公共权力。这样，公共权力就逐渐脱离了统治者个人，而由一个经民众选举确认的组织来承载，现代国家就出现了。这种结合了代议制组织的公共权力，我把它叫做主权。显然，相比之下，这样的主权最具有公共性。

以上就是我对国家发展三个阶段的划分，从这三个阶段可以看出统治权是怎么一步一步走向公共化的，从结合个人魅力、家族财产权最终发展到结合代议制组织，从权威、君权发展到主权。统治权的公共化，体现在财政中，就是我前面说的财政权强制性背后的公共性不断地成长。财政公共性的充分实现，标志着现代国家成长的完成。

此时，在现代国家中的财政（即现代财政），在公共性方面表现为如下以下三个方面的特征：

（1）收入来源具有公共性，即收入主要来自大众税收，而大众税收是基于民意而形成的立法权征收的。

（2）支出方向具有公共性，即财政资源主要用于公共利益或公共目的，用来提高大众的安全和福利，保障社会的安全和正常运转。

（3）管理过程具有公共性，即财政收支过程透明公开，事先由预算控制，而预算又控制在代议制机构手中，并最终由社会公众控制。

由于现代财政具备上述“公共性”特征，因此常被人称为“公共财政”。相对于城邦时代的财政主要依赖人口、帝国时代的财政主要依赖土地来说，现代国家的财政主要依赖的是主权，似乎没有人口、土地那么实在，但事实上基础却最为坚实。只要有民众透过代议制表达的同意，现代财政就有可靠的基础，可以征税，也可以借债。事实上，只有在现代国家才有真正意义的公债，传统国家的债务往往只是君主的私债。只要民众同意缴纳税收，举借公债就有真正可信赖的基础，通过债务资金度过短期危机或者为长期发展筹集资本就完全可能。

现代国家的财政面相

在表面上，财政只是简单的资金（或实物）的收付行为；但就其实质来说，财政行为围绕着履行国家治理、实现国家职能而发生，也因此形成约束相关行为主体的稳定制度。就现代国家而言，在财政中有三大类制度比较重要。

第一类是围绕税收的筹集与使用而产生的有关收入程序、支出规则与预算管理的制度。它们主要为维持国家正常运转、维护对外安全与内部秩序而设计产生，所履行的财政职能可称为“保护”职能。对于此类与税收相关并履行保护职能的制度，学术界有一个相对简单的名称叫“税收国家”。前面提到的思想家熊彼特比较早地使用“税收国家”这一名称并特别强调了它的历史意义，认为税收国家主要是为了履行保护职能而构建制度，实现的是国家最低程度的职能。为此职能而征收与使用的税收收入数量，也因此被认为虽属必要但应尽可能地少。

第二类是围绕国家用财政工具接管生产活动或干预经济运行而产生的制度。它们突破了税收国家一度设定的国家最低程度职能，为稳定宏观经济运行、促进经济有效增长或达到其他治理目的而运行。这样的财政职能可简单地称为“发展”，而要履行发展的职能，自然离不开税收的筹集与使用，但更为重要的是要找到国家发挥此职能的领域、手段与理由。我将与此生产活动相关且以实现发展为目的的国家制度，简单地称为“生产国家”。

第三类是国家围绕着保障每一个个体的安全而建构的制度。它们既突破了税收国家对保护这一国家职能的设定，也突破了生产国家对发展这一国家职能的设定，而关注每一个个体（尤其是暴露于风险之中的个体），为其提供相应的福利，履行的是“保障”职能。此类用来实现国家保障个体这一职能的制度，可用一个现成的名词“福利国家”来称呼。

从财政视角观察到的现代国家，在国家制度发展上呈现出一种不断演进的状态，从面相上看就是不断地从侧重于收入的税收国家转向变为侧重于支出的生产国家、福利国家。在此不同的阶段中，为了解决层出不穷的由政治、经济、社会问题转化而来的财政问题，当时的思想家与国务活动者提出了众多相应的解决方案，建构出不同的财政制度，进而构成整体国家制度的演进。

在西方走向现代国家的过程中，至少有三大财政问题始终贯穿其中：怎样用必要的财政工具来应对现实世界对国家职能的要求？构建什么样的财政制度才能让国家稳固有效地承担起日益扩大的职能？怎么为安排财政收支以履行应有的国家职能提供正当性辩护？这三个问题我把它们分别称为工具问题、建制问题、正当性问题。如果说前两个问题即工具问题与建制问题尚属于技术问题的话，那么正当性问题是关乎价值规范，在财政领域中显然属于更为根本的问题。现代国家之所以不断呈现出不同的财政面相，就是为了解决现实中不断涌现的上述问题。在我看来，这些问题中最为重要的是正当性问题，即怎么为即将或者已经实施的财政收支行为在价值上加以辩护。

西方走向现代国家的财政过程

西方在走向现代国家的过程中，因思想与实践的不断互动，陆续显现为不同的财政面相，即税收国家、生产国家和福利国家。国家不同的财政面相，代表的是不同的财政制度建设，应对的是不同历史时期由时代问题转化而来的财政问题，也代表着西方国家走向现代过程中所曾经历的财政阶段。

西方现代国家呈现出来的第一个财政面相就是税收国家，它萌芽于中世纪的封建社会中，大致成形于现代国家发展的初期（约17、18世纪）。在此阶段，国家内外安全是突出的时代问题，在财政上为解决这一问题而展开收支活动成为紧迫的行为与制度建设的关键。于是，在现实中国务活动者不断地以税收的筹集与使用来解决工具问题，以税收、支出、预算等制度建设来解决建制问题。这一阶段在政治上是从绝对君主制初步走向代议民主制，在财政上正从以君主自家财产收益为主要收入转向征税于大众的财产与收入。财政制度的变革推进了政治制度的转型，以大众的财产与收入所供养的税收国家慢慢成为制度的现实。可是，如何解释国家与民众之间的税收关系，或者说，国家为什么有权向大众征税？基于封建社会中的征税理由（必要与同意），以及近代初期以社会契约论为代表的思想，为征税的正当性提供了理论辩护。与此同时，财政思想家还不断地尝试着解决征税公平等问题。

西方现代国家呈现出来的第二个财政面相是生产国家，在现实中大致产生于19世纪中期，并繁荣于20世纪70年代之前。在这一阶段，西方出现了如何实现经济发展与宏观稳定等时代问题，需要财政积极地加以面对。比如说，西方世界中的落后国家如何实现赶超？如何纠正市场在资源配置方面的缺陷？如何熨平宏观经济运行的周期？这些问题转化到财政上，就集中体现为财政是否应该具有生产性这一主题。对此，财政思想的回答主要有：（1）国家不仅是消费主体，而且具有或应该具有积极的生产性；（2）财政应以税收创造的效用与征税带来的牺牲来衡量税负公平与否，而不应该单纯按纳税能力分配税负；（3）国家必须超越现有的税收国家阶段，向更高级阶段发展。以此为起点，“生产国家”在思想与现实中得以积极地建构；而这其中，又有弱生产国家（保留私有财产制度但大大增加税收数量以便由国家提供公共产品、积极地干预经济活动）与强生产国家（没收所有的私人财产，在全面公共生产状态下彻底改造社会）两种竞争性的制度构建活动，制度的实践又跟财产正义思想的争辩交织在一起。

西方现代国家呈现出来的第三个财政面相是福利国家，大致萌芽于19世纪末，真正兴起于1945年以后直至今日。在一定程度上，福利国家是现代国家的宿命，是为了应对现代化过程中出现的个体风险与社会问题（累积性贫困、民众健康恶化、工业风险大增、垄断资本控制、阶级冲突等）而建构起来的。不同的国家经由不同的道路，最终都走向了福利国家。贯穿这一福利国家发展历程的争议是，财政是否应该具有保障性？为实现这一保障性需要建构何种制度？如何证明这种制度的正当性？在西方世界，有三条道路比较典型并进而构成三种类型的福利国家。第一种是英国式福利国家，它以拯救穷人为出发点；

第二种是美国式福利国家，它以服务资本为出发点；第三种是瑞典式福利国家，它以劳动解放为出发点。从这三种不同的出发点，西方国家发展出不同的思想路径并建构出不同的社会保障制度，进而形成社会救济、社会保险与社会投资三类制度体系。对于福利国家制度的正当性，不同的思想流派基于各自的思想资源与论证逻辑，进行了激烈的争议，其焦点在于如何实现社会正义。

小结

本篇是全书的导论，主要目的在于交代一些重要的概念术语。总的来说，财政兼具公共性与强制性，其中存在的公共性伴随国家从城邦、帝国向现代国家发展而不断地成长。从财政国家的发展进程看，西方走向现代国家大致可以说有税收国家、生产国家、福利国家三个步骤，不同的国家发展进程与制度表现各不相同。

本书接下来的主体内容有 15 篇，其中从“财政转型”到“财政社会契约”共 7 篇讲税收国家，“国家生产性”“财产正义”共 2 篇讲生产国家，从“济贫支出”到“全民福利”共 3 篇讲福利国家，从“政党财政”到“财政危机”共 3 篇讲财政与现代国家的其他内容。每一篇的正标题是西方财政史上的一个财政事件或财政现象，副标题是一个有关现代国家成长的财政政治问题。

通过对财政事件或财政现象的解读，我将为你揭示写在西方财政史中的国家成长秘密以及凝聚在历史进程中的财政智慧。“他山之石，可以攻玉”，通过考察西方的财政智慧，你可以进一步思考中国走向现代国家的方向、路径与动力。

税收国家

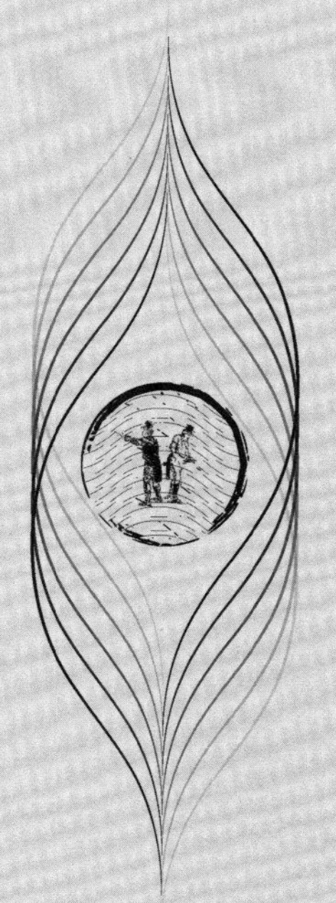

财政转型：

为什么现代国家不是财产国家？

2018 年 12 月 22 日至 2019 年 1 月 25 日，美国政府经历了有史以来最长时间的关门危机（又称政府停摆）。在联邦政府中，除了少数必要的保障部门外，其他部门因无钱发放薪水、无法提供经费而不得不停止办公。事实上，自 1976 年美国国会预算程序启动以来，美国政府已经经历过多次关门危机。这是怎么回事呢？美国不是一个富裕的现代国家嘛，怎么政府穷得关门了呢？

说起现代国家，你觉得用什么东西充当现代国家的标志更好呢？18 世纪法国伟大的思想家伏尔泰也许会用一艘军舰和一出大歌剧来做标志，19 世纪的美国诗人惠特曼也许会用一束仅三天就跨越千里从佛罗里达寄送到他房间里的橙花。可在财政的视野中，穷政府才是一个现代国家的标志，现代国家的政府事实上普遍都是“穷”政府。

判断一个人是穷人还是富人，一般都是看他手头有没有增值的资产而不是看他当年有多少收入。同样这里说穷政府，不是指政府没有收入而是说它没有自己的营利性财产，不得不请纳税人的代表（即国会）同意它征税与用钱。美国政府之所以在1976年以来多次停摆，不是因为它征不到税，而是相关经费安排未能取得国会的同意。现代国家的政府“穷”，但每年它们的财政收入还挺多，几乎都占国民收入的三分之一以上。国民每创造一百元产值，就要缴给政府三十多元。不过，这些收入必须以经代议机构同意的税收形式获取，而且必须用到当年的公共开支上，这样一来政府就没有什么钱可以剩下，始终是一个“穷”政府，始终依赖于纳税人。当然，这里说“穷”政府，也不是说这些政府彻底就没有资产，但它们拥有或管理的，都是一些非营利的、不适合私人控制的资产，比如历史文化遗址或自然遗产、具有管网设施的自然垄断资产等。

不过，需要说明的是，在西方国家，政府并不是一直没有财产而不得不依靠税收，其实在中世纪它们的财政收入也大多来自财产。财政从依赖于国家（君主）的财产到依赖于民众上交的税收，国家从财产国家变成税收国家，这样的财政转型是西方走向现代国家所曾经历的特别深刻的变化，学者艾伦·希克称之为“财政上的哥白尼式革命”。

依靠国有财产获取收入是帝国财政的特征

美国著名学者加尔布雷斯（1908—2006）观察到，在现代国家的公共权力成长起来之前，政治权力要么依托于人格，要么依托于财产，尚未发展成为纯粹的公共权力。只有在现代国家，政治权力才依托于经民众选举产生的组织而存在，此时的权力才具有真正的公共性。在财政上，现代国家的征税权力，依托于经选举产生的公共化组织，采用了普遍、平等、直接、规范的理性化形式，并且税款只允许用于公共的目的并经过代议机构批准，因而这样的征税权力体现了真正的公共性。

著名的俄罗斯史研究专家、美国学者理查德·派普斯曾经断言，斯大林时代的制度根源于俄罗斯帝国史上长期实行的统治权与财产权合一的传统，而这一传统又表现为沙皇同时担任国家统治者和所有者的双重角色。其实，更进一步地说，我们如果从国家类型的角度来考察的话，就会发现所有权与统治权合一是帝国国家的根本特征，因为帝国的国家制度就是以财产（土地）为支撑点建构而成的。用中国传统的俗语来表达，那就是“打江山者坐江山”，即统治者因为夺取了土地的所有权才获得了统治权，对附着在土地上的人口实施统治。因此，帝国时期的财政，一个根本的特征就是依托于国家掌握的财产（土地）所有权而获取财政收入；此时的财政权兼具统治权与财产权的性质，虽具有一定的公共性但却混合了私人性，并非真正的公共权力。

依托于国家对财产的所有权而获得的收入（包括国家拥有、支配或转让财产所产生的各种收益），可称为国有财产收入。前面说过，在帝国时代，它是普遍的收入形式，在现代国家虽也存在但却非常罕见。在名称上国有财产收入虽只是一个，但在收益来源和性质上却不是单一的。持有国有财产而获得的财政收入，在性质上可能是垄断租金（政府以行政特权创设垄断地位而获取的超额利润），可能是经营利润（政府不依靠特权而依靠企业家才能获得的正常利润），也可能是使用费或普通租金（政府将其控制的财产使用权出借而获得的收益）。出售或转让国有财产，也可能产生一次性收入，即所有权转让收入。在国有财产收入的上述收益来源中，最有可能也最为常见的收益，实际上是垄断租金；这一垄断租金，实质上是国家运用强制力量创造出来的，却披上了私权（所有权）收入的外衣。

依赖于国有财产获取财政收入这种形式，混淆了公权力与私权力不同的性质，既破坏了私经济的运行又败坏了权力的公共性，并会带来权力被私人滥用的问题。就是说，有特殊利益集团可能会参与国有财产创收的过程，通过故意混淆公权与私权不同的性质来为私人攫取大量的利益，并借此形成高度紧密的政治经济小团体。借用奥地利财政学家葛德雪（1870—1931）的一个术语来说，这样的小团体就是“国中之国”，由这一小团体运行的“财政制度，若不是某种幼稚的自我欺骗，那就是狡猾地对人民的欺骗”。可以认为，一个大量依赖国有财产及其收入的国家，还未完全走出帝国时代。

总而言之，只有在现代国家中，统治权才彻底摆脱了所有权，进而依托于经民众同意形成的组织，并因此成为真正的公共权力。与之相伴随，私人财产权到此时才真正得以确立，并进而形成纯粹的私有制。正如马克思所强调的，纯粹私有制是现代社会才有的现象，它“抛弃了共同体的一切外观并消除了国家对财产发展的任何影响”，而现代国家正与这种纯粹私有制相适应。因此，在现代国家，纯粹的私有制与真正的公共权力是一体两面的现象，没有纯粹的私有制也就没有真正的公共权力；基于纯粹私有制基础而形成的现代税收，标志着真正的公共权力。

西欧中世纪的财产国家

依靠税收获取主要财政收入，在西方的发展历程中也并非一蹴而就，税收国家也是从中世纪的财产国家成长起来的。

在西欧中世纪的初期（9—12 世纪），普遍出现的是中央政权的崩溃和政治分裂的加剧问题，由此产生了重大的财政影响。从财政的眼光看，此时并不存在国家的公共收入，只有各级领主的私人收入，且主要来自领主的土地财产。像 11 世纪的法国，甚至可以说不存在“国家”，“而是一些大封地”，“王权也只是一种领主权，而不是君主权”。在王室领地以外的贵族，往往仅只承认国王是名义上的宗主，他们在各自领地内保持着近乎独立的统治。每一个封建领主（包括国王在内），都认为自己应该根据封建原则依靠领地（家庭财产）收入过活，即所谓“国王自营其生”的原则。在多数时候，国王的领地比大多数封臣的领地更富饶、人口更稠密，但并非总是如此。

君主（以及各级领主）的收入形式主要有两种：一种是来自

庄园内土地和森林的收入（性质上为租金，最初大多为实物形式）；另一种是来自下级领主和自由民的收入（性质上为特权收入，多为货币形式，而特权也来自土地的分封）。这两种收入实际上都来自君主拥有的土地财产，此时的财政就是“国王自营其生”。

来自自有领地内的租金收入，如农奴劳动所生产的农作物（即劳役地租）、自由农所缴纳的实物地租、器具出租收益以及森林采集物、捕获物等，是领主制时期各封建领主（包括国王）的主要收入。要扩大租金收入，就要通过武力来夺取或兼并土地，这也是中世纪各封建领主间战争频繁的原因之一。君主除了获取来自家庭财产的收入外，有时候还会向自己领地（“王领”）内的居民征收一种相当于现代财产税的“税收”，但这种“税收”并非现代意义上的税收，而是基于自己的地主身份而向租地民众索要的“礼物”。“国王自营其生”的封建原则，意味着国王需要依靠经营自有土地获得的收入来维持王室的生活、支付日常行政开支。这一原则在英国特别流行，反映在11—12世纪英王的财政实践中就是，国王来自领地的租金收入远高于其他收入，国王大体能够“靠自己过活”。例如，在1171—1172财政年度，英王亨利二世来自王室领地的地租占财政收入的60%以上。

除了租金收入外，各领主基于特权而获得的收入还有：封臣提供的一定期限的无报酬军役和宫廷服役，有时国王以征收代役金的形式代替封臣的亲身服役（即盾牌钱）；敕封采邑时，封臣缴纳的封建赋税和特殊间接税；封臣死后，继承人缴纳的封地继承金；向集市、商路征收的封建捐税；在紧急情况下对教会的征税；以科罚金、没收等形式获得的司法权收入等。此外，领主尤其是国王还有权按优惠价格从下级领主或市场采购食品（王室食品征发权）或其他物资，由此形成部分收入。这些收入，在形式上与今天的税收有些像，某种程度上也是后世税收发展的基础。但在当时，它们都是一些特权收入，根源于各领主对土地的实际占有而形成的特权，不是今天在公法意义上源于公共权力的收入。当然，国王还可以获得一些临时性的特权收入，如筹集战败被俘的国王赎身费，因国王长子受封为骑士、长女出嫁而从下级领主或臣民那里收取的费用等。

税收不同于保护费，必须基于同意

虽然人们已习惯性地使用“税收”一词来指代所有的财政收入形式，虽然很多人首先注意到的是税收具有的强制性，但在19世纪德国财政学巨头斯坦因（又译施泰因）看来，并不是所有的财政收入形式都可以称为“税收”，因为税收的首要特征是纳税人的同意。他说，税收是仅存于由自由公民组成的现代国家中的财政收入形式，其实质是共同体成员自愿拿出部分资源以便共同体有力量来完善每个成员。因此，他特别强调说，“税（tax）”是经过民众同意、运用现代征管手段征收并用于促进民众个人发展的财政收入。在税收诞生以前靠强制取得的财政收入，他称之为“捐（contribution）”。捐与税最大的不同在于，它没有获得民众的同意，体现的是统治者为了自身利益而对民众行使赤裸裸的暴力。斯坦因指出，这样两种财政征收形式，存在于国家演化的不同阶段：税存在于现代国家，而捐存在于传统国家。

如果用更通俗一点的语言来重述斯坦因的说法，那就是，税收在根本上不同于黑社会向老百姓收取的保护费（即“捐”），虽然二者都具有强制性、都来自私人的财产。税收在征收时，得到了经由民众定期选举产生的代议机构的同意；而民众之所以同意缴税，是因征税者在事先说明了税款的使用方向（公共利益），在事中（征税与用税的过程中）受到民众代表的严格监督，在事后有审计与问责机制。与此相反，黑社会收取“保护费”，凭借的仅仅是他们掌握的赤裸裸的暴力。虽然在形式上，黑社会的保护费同样具备了某些财政学教科书归之于税收的特征如强制性、无偿性，甚至不乏书中强调的规范性，但在根本上保护费不同于税收，因为它的征收并没有得到民众的同意。保护费在收取之前，没人向老百姓报告征税的目的、使用的计划并请求同意；它的使用方向，也不会是为了公众利益（虽然自我标榜用途是提供“保护”）；征收和使用的过程，更不会控制于民众或其代表；在征收和使用结束之后，不会允许百姓派出代表来进行审计与问责。

按此定义的税收，显然也不同于政府收费。虽然与税收相比，政府收费的执行主体也是政府，收费形成的钱款在使用上也具有一定的公共性，但两者是相当不同的。税收是针对公众私人财产的一种普遍性征收，这种对财产权的“侵犯”，只有基于民意而形成的立法部门才有权进行。由立法权来决定税收，在性质上相当于公众自己同意拿出一部分财产用于共同事业。行政部门只是立法部门决定的执行者，行政权在行使过程中，应该执行民意但并不等于它就代表了民意，因此行政部门无权直接征收公众的财产。不同于税收的是，政府收费只是行政部门就自己提供给特定民众的特定商品或服务，以收取费用的形式来弥补部分成本。这种收费源于政府的行政权，其收支过程也由行政权加以控制（最终当然也受立法权监督）。与源于立法权的税收不同，政府收费在本质上是一种行政部门与民众之间的交易行为，具有一定的“特殊”性：收费领域极其有限与特别，收支之间的关系也特定（收费必须用于涉及的政府服务，不能用来提供一般性公共服务）。因此，在现代国家，政府不能一般性地以收费来代替税收。

现代国家必然是税收国家

现代国家的政府是“穷”政府，没有营利性财产，在财政上高度依赖于税收，这一现象早已为葛德雪所发现。在 1917 年他就说，国家失去财产是现代资产阶级国家形成的关键，没有财产的政府才会依赖于纳税人，并最终受制于纳税人。熊彼特后来接过葛德雪的话说，西欧现代国家的产生，原因无他，只是因政府丧失了财产而没有财产收益，不得不常规化地向私人财产征税，不得不依赖于纳税人（通过代表）的同意，于是这样的政府慢慢就变成了民主政府。与此相反，拥有财产的富政府是不需要纳税人同意的，其行为当然就会是专制的。于是，西方现代国家的产生关键，就是从财产国家变成税收国家。

葛德雪和熊彼特所说的西欧从中世纪走向现代的历史，我将在本书下一篇从财政角度再来细说。大体上，在中世纪早期，西欧君主靠自己的土地财产收入生活。到 16 世纪前后，随着战争的频率增加与规模扩大，君主们需要大笔的金钱去支付战争费用，原有的领地收入因此不够使用。于是，君主们不得不靠卖地为生。等到土地卖得差不多、没有财产的时候，君主就不得不以公共需要的名义向贵族和自由民征税。为了征税和用税，形成了一整套官僚行政机构；为了获得民众对税收的同意，以便及时获得税收以赢得战争的胜利，君主不得不建立起代议制机构，让纳税人代表审议征税的用途并监督用税的过程。总之，向民众征税推动了代议制在西欧的形成，这个过程被后来的学者称为“财政社会契约命题”。

因此，现代国家必然是税收国家，而不是财产国家，其政府一定是穷政府。西欧传统国家的现代化，就是税收国家形成、政府变“穷”的历史。从财政上看，到 19 世纪末，税收国家已是西方具有正当性的现实政治形态。在 1918 年熊彼特就说，“‘税收’与‘国家’的关系至深，以至于‘税收国家’这样的表达形式几乎可以被看作赘语”。

在长期历史发展过程中，税收国家产生了一整套有关税收征收与使用的制度体系。就其要点而言，至少有以下三个方面。

第一，在收入制度上，主要依靠公共性最强的税收形式。就是说，经过纳税人同意、基于纳税人收入与财产而直接、普遍、规范、平等征收的税收，成为政府最重要的收入形式。其他收入形式，因公共性不足，不能作为主体财政收入。比如，来自收费与政府财产的收益，只能作为税收收入的补充；公债收入必须基于健康的税收，且一般只能在紧急时候获取。

第二，在使用制度上，体现税收作为收入形式的公共性要求。在此方面，西方国家发展的历史趋势是，财政从以满足王室私人需要为主，发展到以满足公众在经济和社会方面的需求为主，并越来越多地用来满足社会福利需求。用财政支出结构来衡量，就是从以军事支出与行政管理支出为主，发展转向为以经济支出与社会支出为主，最后社会支出成为绝对重要的项目。税收在使用上的变化过程，也是税收国家职能和国家性质向现代转型的过程，由此体现了政治权力所发挥的功能向公共性方面的重要进展。

第三，在管理制度上，体现出税收收入形式的公共性。在此方面，西方国家对税收的征收与使用，就管理而言是从王室的家庭财政和君主个人管理，逐渐转为国家财政和议会主导下的公共预算管理。在此过程中，财政机构日益完善，并对全国范围内的财政活动进行统一的管理，国家官僚机器也不断地获得现代性，议会对于预算的事前审批、事中监督、事后审计的程序也越来越规范与严密。这样的变化，增强了约束政治权力运行的制度理性化特征，更重要的是体现了民主化的特征。

小结

我在本篇主要想说明的是，西方走向现代国家历程中的财政转型，即税收逐渐取代了国家（君主）财产收入而成为主要收入形式，使得传统帝国时期的财产国家变成了现代的税收国家，政府也因此成为依赖于代议机构的“穷”政府。这样一场财政领域内的哥白尼式革命，是西方从帝国走向现代国家的关键特征，并由此产生一系列税收国家的配套制度。在这个从财产国家走向税收国家的过程中，关键的要素是纳税人的同意，本书下一篇将专门讨论这个问题。

税收谈判：

现代代议制机构是怎么形成的？

2023 年 1 月 4 日开始，美国国会的众议院经过 4 天多共计 15 轮的投票，才最终以微弱的优势选出共和党领袖凯文·麦卡锡为议长，本次选举过程也因此成为 164 年来美国最“难产”的议长选举。美国众议院和议长为什么重要，以至于吸引全世界的眼光关注此次选举？熟悉美国政治的人会告诉你，这是因为众议院管“钱袋子”，在美国政府的税收与开支决定中起主导性的作用。

事实上，在西方历史上，正是因为议会代表选民掌管了政府的钱袋子，可以对政府如何征税、如何开支表示同不同意，议会才逐渐变得重要起来。进一步地，由于议会的存在成功地制约政府，掌握暴力机器的君主才被慢慢驯化为民主政府中的执政官。美国政治学者罗伯特·达尔（1915—2014）曾经这样总结西方现代国家制度形成的原因："统治者需要取得被统治者的同意这一理念，一开始是作为一个征税问题的主张而提出的，这一主张后来逐渐发展成为一种有关一切法律问题的主张"。在这里，他把统治者需要被统治者的同意视为现代政治的关键，并且肯定它跟西方现代国家诞生过程中的征税主张有关。

本书上一篇已经提到了现代税收的这个根本原则，即经同意而纳税。那么，这种与征税相关的"同意"是如何起源的呢?应该说，它跟中世纪西方的税收谈判过程有关，也正是在税收谈判过程中才逐步形成了现代国家的主权行使者——代议制机构，西方国家也因此走向了现代。

代议制机构的渊源

在公元4—5世纪西罗马帝国逐渐衰亡之际，原来居于北方的日耳曼部落开始侵入到帝国的领土范围内，建立起许多日耳曼王国。征服西罗马帝国的日耳曼部落，一开始并没有多少公共权力的观念，也不知道如何创建必要的政治组织与机构，权力集中度很低，行使权力的组织也较为原始。在尝试创建统一帝国（法兰克帝国）失败后，经过多年的战争和混乱，于公元10世纪前后，西欧形成了一种较为稳定的封建制度，一种结合了原罗马帝国的私人财产权观念和原先日耳曼的人身依附关系的制度。

在封建制度下，日耳曼君主把土地以及土地上的人口分给自己的部下和侍从，或者将特定名号赐予已实际占据土地的武士首领，从而创造出一批大领主；大领主再把土地分给自己的下级，形成小领主；小领主可能再分封下去，直至最低一等的普通骑士。就国家类型来说，此时的西欧是以土地为支撑点的帝国，“国家的军事制度与行政制度建立在土地所有的基础上”。

由于封建社会的特点，在9—12世纪的西欧，权力和资源都分散在各级领主手中。当战争威胁迫在眉睫之际，或者为了赢得战争的胜利，君主就有必要采取某种形式将分散在各领主与各团体手中的权力和资源加以集中，他们采用的形式就是召开等级会议。

本来在日耳曼国家形成之前，部落中就有遇到大事召集全体武士集会商议的习惯，商议时运用呼声或敲击武器的做法来表达是否同意。在日耳曼部落占领西罗马帝国领土并逐渐建立起各自的王国后，也有一些地方在特定时候，仍保留了这种贵族或自由民集会的传统。以英国为例，在1066年诺曼底公爵威廉入侵之前，英国就有所谓的“贤人会议”，由国王特别召集一些高级贵族来商议国事，地点并非一定，言论也不必有效果。另外还有所谓的评议会，主要召集中小贵族或地主参加，就有关生民利害的事务进行讨论。后世学者普遍认为，有这样的“前议会”的存在，是西方出现代议制机构的重要路径依赖条件。在世界其他传统国家的发展过程中，这样的“前议会”很少见，能发展出代议制机构的更加少见。

于是自12世纪开始，西欧国家的国王纷纷利用原有的集会议事传统，突破封建制度下非传递性的结构特征（即国王的附庸的附庸，不是国王的附庸），召开所有等级共同参加的等级会议。一开始，等级会议的主要功能是商议战争行动，并决定给国王缴纳以帮助国王为名的助税（或称协助金）的形式和数量，在国王征税人员缺乏或不足的情况下还要协助国王征税。后来，等级会议也被用于商讨国事、为国王提供咨询意见，或者成为向国王请求某种法律或权利的讲坛，并进而成为国王团结全国、创造国家意识及实施统治的工具，成为统治者在特定地区或整个领土范围内获取统治合法性的方式。

与原先众领主林立的局面相比，等级会议的召开创造了一种“全国”的国家意识，为近代民族国家的产生奠定了基础，此一阶段的国家也因此被称为“等级君主制国家”。不过，等级会议的出席者，代表的往往是许多不同的团体（地方的贵族会议、城市会议、宗教团体、团体协会等）而非个人，至少在一开始出席者本人也是权力的拥有者，有自己的权力工具（官员、法庭、财政，甚至自己的军队）。等级会议本身具有特殊性和临时性，并不是一种制度、政治组织或者政府的常设机构。

在历史上，西欧等级会议的过渡意义就在于，以此为起点，慢慢地发展出后世的议会民主制，并进而成为现代国家的标志性主权组织形式。严格地说，在欧洲国家中等级会议常见，但从等级会议顺利地发展为议会民主制并不多见，而英国是其中成功转型的典范。

德国学者奥托·欣茨（1861—1940）对此提出来的解释是，这取决于等级会议是以身份团体（由血缘继承的贵族代表组成）

为基础还是以领土为基础（在一定领土范围划分选区选出代表）。在他看来，若以身份团体为基础，只要与会者的特权与身份可以获得保障，他们就愿意放弃集体立法的权利，或者甚至放弃集体征税的权利；若以领土为基础，这样的议会就会鼓励在全体会议层次上的合作，在结构力量上也更强大，更有能力抵制野心勃勃的统治者的招安和诱惑，也会因为被视为地方利益保护者而受到一定的约束。英国以领土为基础的下议院的诞生，因此就具有关键性的作用。

美国学者埃特曼在此基础上补充说，只有匈牙利、波兰、瑞典和英国等少数国家发展出了较为有效的议会结构。但由于在匈牙利、波兰这样的国家，统治集团的成员资格是通过血缘世袭的，国家的力量因此受到了削弱，不能成功地发展出后世的议会民主制。而只有英国和瑞典这样的极少数国家，拥有以领土为基础的议会，而且能够建立起官僚制（统治者抵制了精英集团把职务私有化的意图，让那些拥有专业教育资质和技能的候选人占据这些职位），这才成功地建立起较为有效的议会民主制。

等级会议对税收表达同意

在本书前一篇说过，在中世纪的西欧，按照封建原则，国王应该靠自己的收入（领地收入和特权收入）生活，即“自营其生”。但封建制度也支持在紧急需要或确有必要时，封臣要尽一定的义务向封君提供财政帮助。这种紧急需要或确有必要等理由，是税收在现实中不断发展的实质性理由，即各等级缴税帮助国王应对危机（一般是战争）。但仅有实质理由是不够的，封君向封臣征税还需要形式上的正当化，即在由封臣组成的等级会议上经过税收谈判表达同意后才能征税，等级会议也正是作为征税与控制征税权的机构发展成为议会的。

前面说过，在封建关系中，国王和在他之下的各级封建主的权力来源是相同的，即都来源于土地财产，或者说他们各自的自由（贵族权利）依赖于自己拥有的财产。因此，国王与封臣之间的关系并非现代国家中的上下级权力隶属关系，而在相当大程度上是私人与私人的关系。这样一来，未经对方同意就征税实质上等于剥夺对方的财产或者说侵犯自由。“同意”在这里就跟财产、自由紧密地联系在一起。所以，等级会议的发展跟税收谈判（由各等级商议要不要给国王缴税、缴税多少等）紧密结合在一起。

那么，这样一种由各等级组成的会议，为什么能够谈判税收并在后来发展为能行使主权的议会呢？尽管议会的发展有前面说的日耳曼传统、“贤人会议”或“评议会”的渊源，但在中世纪议会的主要渊源却是司法性质的，即议会更多地被作为司法机构而获得成长机会。

等级会议之所以有资格成为税收谈判的场所，是从封臣的一项义务发展起来的。从封君与封臣（或者说领主与附庸）的关系来看，附庸对领主的义务除了服军役、提供紧急帮助等义务外，还有一项重要的义务就是参加领主法庭、担任陪审员。

在封建社会的治理中，各级领主法庭构成了日常社会治理的核心。在领主法庭中，领主主持法庭，附庸有义务出席法庭参加陪审，并给予决定性的意见。而且，附庸有权利只接受与他同一等级的贵族的审判。对于处于封建体系最高等级的国王来说，除了领导战争保卫和平的职责外，还有一项重要的职责就是维护国内秩序。在领地各归领主治理的前提下，国王维护国内秩序主要体现为审理附庸之间的争讼。国王正是通过召集自己的直接附庸（封臣）来共同审理、裁断是非，才彰显他在国内（不仅在自己的领地上）治理中的地位。因此，至少在封建社会的初期，司法是当时社会政治权力的核心形态。

就是说，虽然封建等级并不具有传递性（国王的附庸的附庸并非国王的附庸），但通过司法上的层层上诉机制（任何等级在权利受到侵犯而又得不到自己领主的法庭保护时，都可以向领主的上级领主直至王室法庭申诉），国王就可以向全国人民行使权力。国王发现，要维持和增强自己的权力，最好的办法是尽力满足人民对法律和秩序的要求。因此国王尽力通过法庭去镇压暴乱，强迫有权势的人服从法庭作出的解决争端的决议，由此取得对封臣和民众更大程度的控制。

在如此的历史背景下，由领主主持、附庸集体参加的法庭来商议并决定重大事项、实现对社会的治理，在当时是最为合法且最为自然的方式。突破封建制结构而由各等级（或其代表）共同参加的等级会议就起源于此，国王在军事行动前要求各等级给予税收（助税）支持时，自然也被要求利用这样的组织和方式。

在法国，由于长期不召开三级会议，在现实中表达税收同意就由贵族组成的高等法院来进行（未经高等法院注册不得征税）。当然，在这方面英国的情况与法国稍有不同。由于威廉公爵在1066年征服了英格兰，英国的国家机器在当时相对来说更发达一点，国王的权力也因此比较强大。不过，即便如此，12世纪英国的法学家格兰维尔依然认为，对助税给予同意的最佳地点是领主的法庭，因为如此给予的同意能够对所有的人都产生约束力。这样的观点，对于“共同同意”国王征税的机构（议会）的演变，产生了重要的影响。正因如此，英国人在理论上一直将议会视作法庭而非立法机构，直至17世纪内战以后才有变化。

议会中的税收谈判与控制征税权

在等级会议中就税收问题进行谈判并表达是否同意，其中的关键就在于由议会控制国王的征税权。

在议会发展最为成功的英国，议会对国王征税表达同意，有一个“从个别同意向集体同意”发展的过程。就是说，一开始国王召集贵族会议，是与每一个贵族（国王的直接封臣）单独商议并寻求同意，后来是由贵族会议共同协商并集体表示同意，贵族会议发展的结果就是真正意义上的议会。比如，1254年英王亨利三世决定为王子购买西西里的王位，要求贵族们缴税。但是与会贵族们认为，这不是王国的共同利益而是国王的个人利益，因此表示不同意。

更为重要的是，在后来的发展过程中不仅贵族可参加会议，而且平民也选派代表参加，这样才能算得上全体自由人对涉及所有人财产的税收问题发表意见。平民选派代表参加会议，就是前面说到的基于领土的代议制机构（下院）的发展。1295 年，英王爱德华一世召集了包含平民院的完整议会（史称“模范国会”），在诏书中陈述理由为：“凡利害及全国民者，不可不得全国民之同意也。”1340 年英王爱德华三世的法令重申：“不经过全国的教士、伯爵、男爵和其他贵族在议会给予的一致同意”，国王不能征收任何直接税。这个原则从此就没有动摇过，由此英国议会获得了对税收的批准权，议会的其他权力也在此基础上逐渐产生。

1337—1453 年的英法百年战争，给英国国王带来极高的财政需求，也为议会控制国王的征税权提供了有利的契机。议会以税收为饵，强迫国王答应以下的条件：没有议会的授权和同意，国王不得征收任何税收；议会可任命一个委员会，监督国王的财政支出，审查国王的账目；税收法案由下院提出等等。

由等级会议或者说议会来表示是否同意国王的征税，不仅存在于英国，也广泛存在于这一时期的西欧。例如，构成现代西班牙一部分的卡斯蒂尔，在其《王国法典》（1567 年）中宣称：“如果没有召集国会并取得议员的批准，就不得对整个王国征收任何课税、贡纳或其他税收”。法国三级会议给国王的陈情书大多数也声称，“只有等级会议审查和批准的税收才是合法的”。

在议会中谈判税收问题并进而控制国王征税权，是否能够获得成功？在不同国家的议会或者三级会议之间，这一点差别很大。最为成功的显然是具有强大议会传统的英国。在16世纪英格兰议会不但继续扩大自己对国王征税的控制权，而且坚持要求“国王自营其生”：在正常情况下，王室的支出必须要用王领收入和关税收入来支付，而不能征收其他常规性税收。在17世纪早期英国的财政思想中，出现了“绝对财产权”原则，它以某种形式坚持“没有国会的同意，国王的绝对权威不能也不应该改变任何人对物品和牲畜的产权，也不应该对同样的物品和牲畜进行任何的课费”。

1625年继位的英王查理一世，不打算承认议会在控制征税权方面的权威，而使用国王特权强行获取财政收入，最后的结果是酿成英国内战。在1660年王政复辟后，议会对征税权的控制基本成形。不仅征税和借款要征得议会的同意，而且钱款的使用也由议会规定用途，这就直接限制和约束了君主的行为，并将其制度化。1688年光荣革命之后，议会更是通过一系列法律的颁布，真正控制了国王的征税权，议会也就成为比较有效的代议制民主机构。

相比之下，法国的平民人头税在1439年就变成了常规税种，无需三级会议同意即可征收，在16世纪之前成为一个固定的收入来源。在这一时期三级会议的会期不定，甚至长年不开会，即使开会也极少反对国王的要求。于是，在15世纪70年代英国法学家福蒂斯丘（1531/1533—1607）就总结说，“法国君主能够随意征税，而英格兰君主必须征得议会的同意”。之所以出现这样的差别，其中一个重要原因是，英国的贵族一般没有免税权（非常罕见时才有），高级教士和贵族都有义务缴纳传统的直接税，因而有动力要求召开议会以保护自己的财产。而法国的贵族往往享有免税待遇，没有召开等级会议讨论征税问题的迫切要求。

贵族的免税特权和国王征税权得不到代议机构的有效控制，是法国大革命爆发的重要原因。正像法国思想家托克维尔在《旧制度与大革命》一书中强调的，“14 世纪，‘无纳税人同意不得征税’这句格言在法国和在英国似乎同样牢固确定下来”，“违反它相当于实行暴政，恪守它相当于服从法律”，可是在法国，“国王便可以不经国民合作便确定普遍税则，而贵族只要自己享有免税权，就卑鄙地听凭国王向第三等级征税，从那一天起便种下了几乎全部弊病与祸害的根苗”。在大革命之前法国长期不召开三级会议，到 1789 年在中断 175 年后才召开。民众再也不愿意失去对国王征税权的制约了，甚至三级会议本身也被民众抛弃。在大革命爆发后，第三等级将已经有名无实的三级会议改造为“国民议会”，并且赋予国民议会批准税收的权力。革命期间国民议会又变成制宪会议，宣布废除一切不合理的封建特权和赋税，特别是什一税，取消徭役和其他人身奴役等。于是，在法国经选举产生的议会也全面夺回了对征税的控制权。

小结

回到本篇开头提到的美国众议院议长选举，其之所以举世瞩目，是因为美国联邦宪法中明确规定“所有征税议案应首先由众议院提出”。美国联邦宪法的这个规定，显然照抄自英国议会之传统，即在英法百年战争期间英国确立的税收法案由下院提出的惯例。

本篇意在说明税收的最根本特征是纳税人的同意，而纳税人的同意又由纳税人的代议机构表达。在历史上，税收谈判与代议制机构是共同成长起来的。正因如此，历史学家斯塔布斯感叹道：“对王权的成功限制通常是以金钱为代价的，许多自由都以纳税为条件，纳税人和接收人都不以之为耻。”这一原则尤其在英国根深蒂固并成为根本性的政治原则，哪怕是在处理殖民地事务时也被加以运用并特别强调。老皮特在1766年1月14日下院会议上，针对美洲殖民地的税收问题发表意见时说：“王国没有权力对殖民地征税……征税不是统治或立法权的一部分。税收是平民的自愿赠予而且只有下院才能授予……（由于下院没有殖民地的代表）在美洲的税收中……我们在美洲赠予和授予的……不是我们自己的财产……而是陛下的属民的财产。”正因为有这样深厚的历史基础与民情，殖民地人民才会以“无代议士不纳税”为理由发起抗议，并进而发动独立战争，现代政治也因此牢固地确立起纳税必得同意的原则。

由此可见，西方国家制度的发展史，就是一部人民在议会商议缴税并要求政府采用规范税收制度、停止任意侵犯私人财产权的斗争史。在此过程中，既有缓慢变化与逐步演进的一面，又有突发进展与历史断裂的一面，最终形成了现代国家。下一篇我将以荷兰与英国的财政革命为例，来谈谈在此过程中突进的一面。

财政革命：

英国人向荷兰学了什么?

在西方走向现代国家的进程中，固然有和平的自然演进、“静悄悄地积累”的一面，但也不乏在某些时候发生剧烈的变化甚至是暴力的革命。对于国家转型而言，偏废任何一方都不全面。如果没有革命，只依靠原有制度框架中进行一点一滴地积累，可能永远也实现不了国家转型。

在财政领域内，也有革命的发生，就是说在历史长河中有某个时间段突然出现众多重大的财政制度创新，不但改变了一向以来的财政收支行为，而且对国家制度建设乃至制度类型转向产生了深刻影响。对于西方世界的现代化来说，有两场财政革命的发生至关重要：一场是荷兰财政革命（时间上大致为1581—1795年，即从尼德兰地区民众建立联省共和国开始到法兰西第一共和国占领荷兰为止），另一场是英国财政革命（时间上大致为1660—1799年）。相对而言，在国家发展进程上，荷兰是英国的先行者，它的商业发展更早更发达，在新建的共和国中创新制度的可能性也更大，所以率先出现财政革命，并进而实现了向税收国家的突破。英国通过向荷兰学习，凭借着更大的国家规模与改革后形成的更优良制度，也爆发了财政革命，最终实现的税收国家建设成就相对更大，进而成为西方乃至全世界学习和模仿的对象。

荷兰财政革命

荷兰共和国在存续期间（1581—1795），经济繁荣、文化发达，各个方面都取得了巨大的发展，尤其是航运业务与贸易能力独冠全球。正因如此，17世纪也常被历史学家称为“荷兰人的世纪”。这一时期的荷兰，之所以能取得如此的成就，离不开它有效的国家财政、健康的税收基础、发达的公债市场等，带来这些成就的制度变革被后人称为“财政革命”。财政革命让荷兰汲取了充足的财力资源，进而吸引到整个欧洲的资金，以应对外来军事威胁，发展国内的基础设施，拓展国际贸易市场。

虽然在1581年荷兰共和国已正式成立，但对于从未有过国家经验的荷兰来说，怎样才能真正做到合省成国，以便有能力应对自己刚刚脱离的、充满敌意的西班牙帝国，并与周边众多强国竞争，赢得自己的生存机遇呢？在当时，首要的应对办法是建立可行的国家财政，以集中经济资源应付外敌并赢得民众的认同。这里说的国家财政，一是指在制度上建立区分于地方政府（或各贵族领地）的中央财政，二是指在制度上建立公共财政，以区分于欧洲各国充满私人特征的王室财政。新建的荷兰共和国与欧洲其他国家不同，没有一个公认的君主。当时的政治理论认为，共和国只能存在于领土狭小的城邦，而领土面积一旦超过城邦的范围，就应该建立君主制来实现资源的集中和权力的有效行使。可对于合诸省为一个共和国的荷兰而言，如何才能集中资源以供自己生存？或者说如何才能建立起有效的中央财政制度？彼时荷兰的解决方案是，建立以国家议会为核心的中央国家机关，并以此为基础建立中央财政制度。在中央层次上，一切重要决定都由国家议会作出，其由各省派出的代表组成。在中央政府层级上的高级官员，主要有大议长和执政；以此二者作为机构依托，中央财政实行的是议会主导、各省集资的制度。在荷兰共和国存续期间，其他国家几乎都实行君主制，王室财政与国家财政不分，财政运行中充满私人性。与此相比，共和国此时建立起国家财政，具有较高程度的公共性。这主要体现在制度上，纳税人能够通过代议机构直接影响国家政策。这样的制度还有助于塑造国家共同体意识，并能运用财政支出手段来保护商业利益，推动经济发展。

荷兰共和国之所以能够赢得生存竞争，在相当程度上是因为比较成功地构建了国家财政制度；而国家财政制度的成功，又因为它依托于有效的税收制度获得稳健的资金来源。在 17 世纪，欧洲封建国家普遍的税收方式是传统直接税，即通过等级会议“一事一议”地商定、由各等级根据自己财产（主要是土地）的不同，向国王缴纳临时性甚至一次性的直接税。而荷兰共和国则对新税收制度进行了积极的探索，率先开征了遍及所有人的消费税。依托于当时欧洲最为发达的商品经济活动征收消费税，让荷兰获得了较为充足的资金，支撑起国家的运行与对外的竞争。在荷兰共和国的税制结构中，以消费税为主、关税与印花税为辅的间接税占据了绝对的主体地位，提供了 2/3 以上的税收收入。相对于传统土地税，间接税跟荷兰各省的经济发展状况密切相关，由于征收手续比较简便又隐蔽于商品交换活动中，它受到的抵制比较小。作为商人共和国的荷兰，依托于频繁的商业活动普遍征收消费税，让商人与国家形成较为紧密的命运共同体，拥有共容的利益：国家用税收保护商人利益，努力扩大经济规模；商人向国家缴纳税收，支持国家的发展。相对而言，在整个 17 世纪，荷兰共和国直接税的征收总是受到广泛的抵制。不过随着时代的发展，更具有平等性的直接税占税收收入的比重也有所提升。

荷兰共和国的生存，还依赖于有效、发达的公债市场。而它之所以能构建出这样的市场，主要得益于由民众选举产生、受到民众信任的议会制度，以及丰富的流动资金。以此为基础，荷兰共和国以当时全欧洲最低的利率，发行了大量的公债，这为应对战争危机及促进国家发展，提供了充足的资金支持。其中特别值得注意的是，荷兰共和国的公债制度采用的是一种高度私人化的金融手段，即由分散在众多城市里的财务总管负责债券的发行、还本付息等管理工作，他们与私人银行内的从业者在行动上表现无二（手持不同种类的政府债券面向市场销售，尝试着以价格等方面的优势来吸引私人投资者）。对其他由君主控制的国家而言，用公债形式筹集财政资金的成本往往很高，尤其是在战争时期，它曾让多个欧洲国王破产。但是荷兰因为拥有坚实稳定的金融市场、平稳的税收筹资、由议会负责偿还的制度，所以公债信用比较高，利率也比较低。那么荷兰共和国是如何让自己的公债更加可信的呢？一方面，共和国创造了消费税这样比较普遍、比较稳定的税种；另一方面，共和国政府的实体就在它所服务的公众附近，人们甚至可以在街道上碰到政府官员，政府的政策与财政行为也深受民众的影响，这让投资人比较放心。

英国财政革命

英国在王政复辟（1660）之后也发生了财政革命，并在19世纪来临之前基本完成了这场革命。财政革命的内容主要有税收的常规化与税收机构的官僚化、中央银行的创建与公债的正规化、预算制度的成长等，这些革命性变化共同促进了英国现代国家的成长。

前面说过，自1066年诺曼征服后，像其他封建国家一样，英国的财政收入主要来源于君主家庭拥有的土地收入，即“国王自营其生”。到13—14世纪，社会上出现了对公共职能的需要（最为重要的是从事战争），于是由国王按照封建传统召集各等级开会，由众人商量来分担费用。这是英国税收国家兴起的开始，此时的税收大致上仍属于助税性质，基本上都是为了军事目的而实行的临时征收，每一种税都需要由议会特别批准，并规定征收的截止时间。到了1660年之后的财政革命期间，英国出现了税收常规化和税务机构官僚化的现象。所谓税收的常规化，指的是稳定的间接税与直接税出现。王政复辟后召开的议会，虽然心怀厌恶，但仍将内战期间从荷兰引进的消费税定为王室的永久收入（终国王一生使用）。于是，一种原先临时性的税收，取得了常规的地位，英国税收常规化进程开始，也标志了英国财政革命的开始。到1790年代，来自国王自有土地的收入已几乎消失殆尽，消费税、关税占税收收入的80%以上。1799年，在拿破仑战争期间，英国尝试开征了个人所得税这一现代直接税，该税收在19世纪一度被废然后又重新兴起。在英国早期，传统直接税由参加会议的等级代表分别收集，并交给国王使用。随着征税的频繁化，有必要由王室出面来征税。但在行政机构缺乏情况下，英王将议会同意的税收（关税、消费税、烟囱税），以竞标形式发包给一些财团（由商人、啤酒商、银行家和富裕的乡绅组成）来征收。但是，税收征管的官僚化（用常任的、专业的机构和雇员来征税），是税收常规化的必然发展。在财政革命中，税收征管的官僚化与国家机构建设，几乎是同一件事情。以1797年为例，英国政府共设大小75个机构，雇用文官16 267人，其中征收关税和消费税的官吏（分别为6 004人和6 580人）占文官总数的77%。

公债一开始是在政府收不抵支时作为救急工具而出现的，

像前面说到的荷兰共和国就是。但在现代，公债也常被当作发挥配比作用的工具，即将资本性支出（如受益期在未来若干年的基础设施建设）的成本，分摊到受益的各期，以均匀负担水平，并为社会未来发展奠定长期的资本基础。英国公债的发展，就反映了这一功能的变化，而英格兰银行的创建在其中发挥了至关重要的作用。英格兰银行，最初是为了政府能以较低的利率借款而不经意地产生的，但在创立之后却成为政府的重要财政机构和金融工具，后来更是成为全世界中央银行之范本。在18世纪的英国，它不仅是一个比较可靠的公债资金来源，而且成为政府财政管理的得力助手，为政府的公债管理提供特别的服务。总体而言，英格兰银行和公债，以及伴随公债而产生的一些机制，如登记、转让和支付（利息股息）等，让政府获得充足有弹性的资源去应对突发的危机、完成资本的积累。

英国现代预算制度，确立于财政革命期间，起源于封建制度下议会与国王就征税权的控制所进行的长期斗争。早期标志性事件是1215年英王约翰与贵族们所签订的《大宪章》，该文件以文字形式，重申了一项封建传统，即未经众人同意，国王不得征税。不过，在《大宪章》签订之初，限制国王征税权还缺乏必要的手段；而处于形成期的议会，往往会轻易地同意国王征税的要求。随着国王岁入中税收的比例逐渐提高，议会控制国王征税权的要求越来越强。在1660年开始的财政革命中，内战期间的教训让议会时刻警惕不放松对征税权的控制，此时的君主也相对容易妥协，因此一种由议会控制政府财政权的预算制度得以发展。其中，国王是否需要依靠税收来解决自己的财政问题，是议会与国王相互之间控制与反控制、政府预算制度能否取得重要进展的关键。在查理二世时期，议会对财政权的控制基本成形。不仅国王征税和借款要征得议会的同意，而且他对钱款的使用也由议会规定用途，这就直接限制和约束了君主的行为，并将其制度化。从1760年起，英国逐渐形成了政府行政部门每年向议会提交年度预算草案、获得议会批准后才能执行的现代预算制度。到18世纪末，英国终于建成了由议会控制的现代预算制度。

财政革命与国家成长

相对于当时欧洲普遍的封建财政来说，荷兰共和国事实上是现代财政制度的先行者，其制度建设具有革命意义。由于共和国制度下封建力量比较薄弱，荷兰能够相对宽松地探索由传统的封建财政向现代财政的转型，试验了诸多新型财政制度，并进而成功地促进了国家转型。荷兰共和国的这场财政革命所具有的成功经验与失败教训，为后来的英国财政革命奠定了基础，而英国财政革命又为全世界的现代财政制度乃至现代国家制度建设树立了标杆。

对于荷兰国家成长来说，它的财政革命意义至少表现在以下几个方面。首先，这场革命显示出荷兰共和国在国家建构方面取得了民众相当程度上的信任，而现代国家正是建立在民众信任的基础上。荷兰通过财政制度建设，表明权力有限的中央政府无法随意干预现有的经济秩序，市民自己或者通过代表对政府政策拥有直接的影响力，使政府不可随意违约。其次，这场革命显示出荷兰共和国国家的公共性。现代国家的本质特征在于公共性，荷兰共和国时期财政领域的种种变革，实质上是国家公共化的过程，表现在为了战争及社会公众安全的需要，共和国通过向大众私人财产征收消费税及其他税收，并以税收为基础举借公债来供应资金；而荷兰共和国的公债券在民众中被广泛地持有，国家支付的利率在当时的欧洲也是最低的；荷兰共和国的财政收入也始终被限制在公共用途之内，并受到代表市民利益的议会的严格监管。最后，这场革命也显示出财政的创新性与金融的艺术性。国家治理需要创新，需要有艺术性。在荷兰共和国时期，财政收入及其管理的各种手段都得到积极实验，比如间接税的数额快速扩大并成为国家的主体税种，高度发达的公债通过金融市场来发行和管理，对后世财政手段及国家治理艺术启发很大。

就英国的这一财政革命，可以从以下几个方面来理解它与国家成长的关系。第一，来源于大众财产与收入的现代税收的发展，体现出英国国家制度成长在现代社会基础方面的重要特征。特别是在财政革命中创造出来的稳定的、永久的税收（消费税、关税、土地税和所得税等），是具有平等、普遍、直接、规范特征的现代税收，标志着英国国家已具有平等、普遍、直接、规范地统治社会的能力。第二，财政活动中公共性的成长，是英国国家权力公共化的重要表现和动力。在英国财政领域，财政收入来源的大众化、财政支出目的的公益化、财政管理过程的公开化，都是国家走向现代的标志性特征。第三，由征税要求推动的机构官僚化，是推动英国的国家机器获得现代组织特征的重要力量和重要体现。第四，对征税权的控制，始终是推动英国国家成长的重要动力。由此可见，英国现代国家制度的形成，并非出于某种民主理想或国王主动恩赐权力于人民的结果，而是在议会努力控制政府征税权的过程中发展出来的。

英国人向荷兰学习

在现代国家制度与现代财政制度建设方面，17 世纪的英国一直在学习荷兰。荷兰共和国在财政领域内发生的革命性变化，对英国财政制度的发展也起到了示范作用；在此基础上英国财政领域中发生的革命，又成为欧洲乃至全世界制度现代化的榜样。英国财政革命的以下内容，都与荷兰有关系，是向荷兰学习的结果。

首先是税收的常规化。英国在把过去的临时性、辅助性税收加以正规化和常规化过程中，特别地从荷兰引进了英国以前几乎不存在的消费税，并按事先规定的标准普遍地加以征收。在 18 世纪乃至 19 世纪，国内消费税成为英国的主体税收，并影响到其他国家。

其次是大力发展公债制度。英国学习荷兰的经验，通过提升政府信用来降低利率，进而从市场举借大量公债资金，并创造性地建立起英格兰银行以便实施集中化管理。有这样的基础，英国获得了充足的、有弹性的财政资源去应对 18—19 世纪的各种危机。优越的公共信用，是英国不断击败法国和西班牙并成为 19 世纪日不落帝国的主要原因之一。

最后，议会主导的财政管理制度发展。17 世纪，英国人的财政管理以及与此相应的国家制度建设，参照的对象很大程度上就是荷兰共和国。1688 年光荣革命之后，英国的君主来自荷兰，在财政管理制度方面的变革也“直接借鉴了荷兰有产者议会在 16 世纪的实践”。当然，英国政府信用的提升和财政管理制度的正规化，既有荷兰国家议会运作的经验作为参考，也有自身在中世纪就征税权问题议会与国王长期斗争的经验。英国最终确立了议会对预算管理权的控制，这是英国包括财政制度在内的国家制度成熟的标志。

荷兰共和国在财政制度建设方面也有不足或者说失败的教训。在 1698 至 1715 年期间，荷兰的贸易量达到顶峰，商船队的规模为英国的两倍、法国的九倍。但从 1715 年以后，荷兰在全球贸易中所占的份额不断下降，经济总量也日益落后于英国和法国。之所以落后，一方面固然是因为荷兰的自然资源、人口、环境等因素先天不足，另一方面是因为在财政制度改革方面未能做到与时俱进，它所具有的制度先发优势，在英国和其他国家的模仿下逐渐消失并最终被超越。后者主要体现为在荷兰共和国时期，具有平等性特征的直接税改革过于缓慢以至于加剧了社会的矛盾和冲突，代议机构的代表性不足（议会并非由广泛选举产生，社会中的冲突不能反映在议会中并经由议会协商而缓和，也不能带来必要的社会改革动力），中央政府层次上财政集中度不足（中央政府在财政上过于依赖省、市级政府以及私人）等。在这几个方面，英国吸取了荷兰财政革命不彻底的教训，在制度建设方面取得了更大的成就。

小结

我在本篇主要讲述的是荷兰共和国时期的财政革命与英国财政革命，以此作为具体案例进一步阐明本书前一篇的主题，即税收国家是怎样在西方兴起的。从这一篇我们可以发现，对于走向现代的国家而言，必须顺应经济与社会转型适时转变税制结构，在现代财政制度的建设过程中应致力于提升制度的公共性。

当前的中国正在建设中国式现代化，我理解的中国式现代化就是在中国实现现代化。因此，在财政上率先实现现代化的西方世界，不仅现代化的内容值得中国参考，而且它们相互学习的过程也值得我们关注与思考。它们相互学习通过财政制度的建设来提升国家制度的公共性，尤为值得参考。

征税理由：

如何才能证明税收的正当性？

在15世纪法国有一位大主教写信给当时的国王说，“如果是为了国家的和公共的利益，我们确实不该拘泥于税负，但是我们需要征税方给予解释”。就是说，统治者要向被统治者征税，不能只用一句“是现实需要”或者“为了国家利益”做借口就可以打发，而必须给出理由，说明现在征税是正当的。

在西欧的封建时代，农民耕种领主土地要交纳地租，这个从私经济出发的封建义务似乎是理所当然的，无需什么证明。可是，国王或者领主要求民众缴税却是在封建义务之外的，而要工商业从业者缴税就更是在封建义务之外，因为他们并没有从领主那里获得土地。如果统治者不能说明征税的理由，并由此得到纳税人一定程度的同意，那就意味着纳税人的财产权得不到保障；而没有产权的一定保障，也就不可能有经济活动特别是工商业活动的发展，最终带来的只能是统治者与被统治者在利益上的双输。在全球视野中西欧之所以率先走向现代国家，在相当程度上就是因为它能按照正当理由征税并获得了纳税人的谅解，私人财产权由此得到保障，经济剩余有所积累，在此基础上兴起相对富裕的农民与市民，经济力量增强的民众话语权提高，国家权力也因税收增长而增强。

提供征税的理由，实质上就是设法论证税收的正当性。这样的论证，既可能由统治者作为征税一方给出，也有可能由被统治者作为纳税人一方提出。征税的理由及其发展，在现实中起到了驯化国家的作用。就是说，主张并遵循征税的理由，让现实中逐渐发展的税收国家变得越来越为人所接受，由此过程进一步地诞生了今天我们所看到的现代国家。

征税理由的中世纪论证：公共需要

在中世纪，西欧国家发展的基础主要是当时的封建制度，因而在那样的制度下封建契约关系就成为论证征税理由的起点。这样的契约关系，有两个方面值得特别关注。一个方面是，政治制度中人与人之间的关系是私人性质的。就是说，在封建关系中，国王和各封建主的权力来源是相同的，都来源于土地财产；他们之间的关系并非现代国家中上下级权力隶属关系，而是私人与私人的关系。另一个方面是，领主与附庸、自由民之间的关系是“契约”性质的，以相互负责（你给我庇护，我为你效忠）为前提，整个国家是一个松散的“契约”性质的社会有机体。

对于国王而言，自领地外获得的财政收入，至少一开始主要是基于封君封臣关系而得到的武士精英无偿提供的有限期军役服务。不过，由于客观上战争规模的扩大和战争技术的变化，主观上无偿军役提供者的意愿不足等原因，由国王临时征召、骑士亲身短期服务的军事制度慢慢衰落，国王越来越多地将军事义务转化为骑士阶层的纳税义务（即缴纳免役钱或者说盾牌钱）。用今天的眼光看，国王依托军役服务或盾牌钱获取收入，形式上有点像税收，但在性质上却具有私人性，是基于土地财产关系或自愿交换获得的，而不是依据公权力获得的。

除了根据军役制度获得收入外，如本书上一篇所说，封建制度还支持在军事紧急需要或确有必要时，封臣有义务向封君提供财政帮助。这种紧急需要或确有必要等理由，事实上构成了后世税收发展的前提。当然，国王提出的征税理由要能被算作“必要”，需要封臣的认可。确有必要的理由早期主要是军事上的“必要”，即王国正面临军事上的紧急状态。比如正处于外敌入侵的危险中，此时所有的成员都有责任来帮助国王。不过至少在一开始，普遍的看法却是，军事必要是国王的个人需要，应由国王承担军事所需的费用（当然封臣要提供有限期军事服役）。直到后来公众才慢慢承认，外敌入侵这样的紧急事件确实构成军事必要，而且是所有人的共同需要，它可以算作征税的“必要”。比如在1207年英国约翰王向各地发布的税收征收令中，把“保卫我们的王国”称作所有人的共同需要。到英王爱德华一世时期（1272—1307），“共同利益”和“共同需要”的含义已等同于国家的共同危险（即外敌的威胁），战争成为征税的“必要”理由，发动战争或进行防御等同于维护共同利益。正是基于这样的理由，国王才屡次召开等级会议，在会上请求各等级缴税帮助国王。

除了英国外，欧洲大陆的征税正当性论证同样经历了类似的理论发展。托马斯·阿奎那（约 1225—1274）的下述说明，反映了那个时代学者的认识：“当君主没有足够的资源反对敌人的攻击时……公民为了促进共同利益而作出必要的贡献是公平的。因此，一个为了王国利益而战斗的国王能够通过正常的税收形式调集全国的资源，当这样还不够时，国王可以对臣民加以特别的负担。”不仅贵族与自由民因战争原因需要缴纳税收，教会也被迫同意为此缴税。1197 年罗马教皇召集的第三次拉特兰宗教会议承认，在世俗国家紧急需要时，教士应缴纳世俗税收，因为这种需要不是来源于统治者个人的意志，而是来自对国家安全的共同利益的威胁，所以统治者有权从他的人民那里取得支持，包括财政协助，即缴纳税收。

由于军事上的“共同利益”标准逐渐成为征税正当性的共识，于是贵族和自由民在等级会议上就会以“共同需要”为标准来评判国王的税收需要，驯化国王的行为。本书上一篇说过，1254 年英王亨利三世为了给王子购买西西里王位而要求贵族缴税，而贵族们纷纷表示，购买王位不是王国的共同利益而是国王的个人利益。随着对共同利益的理解从军事领域逐渐向其他领域扩展，像道路维护、港口疏浚等都逐渐被纳入共同利益的范围。君主们也乐于扩大解释共同利益的含义，以扩张自己的权力。到了15世纪末16世纪初，英国在每一个征税法案之前都会加上一个导言，以说明给国王授征税权的必要性（即共同利益的需要），以便赢得议会的支持。到16世纪中期，英国王室要求民众提供资金的理由已不再限于军事需要，而经常性地扩大到为了好政府而支付的一般成本。伊丽莎白一世1601年“金色演讲”指出，君主有一种神圣职责，要保护王国免受“危险、不名誉、耻辱、暴政和压迫”，它们既来自王国内部，也来自王国外部。可见，此时对税收必要性的说明，已超出了战争这个过去几乎唯一的公共需要。

12世纪开始逐渐复兴的罗马法，也为此一时期西欧国王扩大征税范围、增加税收收入提供了理论依据，即国王代表着公共权威（而不仅仅是以私人面貌出现的领主）和公共利益。此时人们已经普遍认识到，虽然国王有个人的利益和来源于私权（土地分封）的权威，但其主要权威来源于或者应该来自王国的公共需要，即保卫王国、满足公共利益，也因此可以取得臣民的支持并从臣民那里获得财政帮助。这种从公共需要与公共权威出发来论证征税正当性，实质性地跟论证西欧国家公共性联系在一起。

社会契约论作为压倒性论证方式的兴起

向民众的私人财产征税为什么是正当的？封建时代的论述

主要集中于论证它是为了帮助国王完成保卫王国的任务和履行其他公共责任。到了封建社会末期，税收已不再局限于临时性地帮助本应自营其生的国王，而成为经常性、大规模和主要的收入形式。

对那个时代的思想家而言，以下有关税收国家的问题是紧密关联在一起的：为什么我们要服从国家以至于要为它履行必要的职能去纳税？我们应该服从怎样的国家？或者说，怎样的国家才是正义的以至于我们有服从的义务？在 16—18 世纪这一近代早期，曾有不同学者分别从神学（如君权神授理论）、生物学（如英国哲学家洛克在《政府论》上篇所批评的菲尔麦的父权论）等角度加以论证，而社会契约理论在所有的论证中显然占据着压倒性地位。

大致说来，社会契约论是这样一种理论：它用契约来证明国家或者说政治权威的正当性，并以此对政治权威施加一定的限制；政治义务（包括纳税义务在内）并非天生的，而是独立、理性的个人通过契约达成的结果。换言之，为什么要服从政治权威，为什么要承担纳税义务呢？在中世纪，思想界早已达成这样的普遍性认识，“一项义务要具有真正的约束力，就必须由受约束的各方当事人自由地加以承担……归根到底，义务是不能用武力强设的，而始终是自我设定的”。因此，为什么要承担纳税义务这一问题的答案是或者应该是，你自己在曾经的契约中同意过服从权威、缴纳税收，是你自愿选择的结果。

社会契约论之所以在近代早期能够成为压倒性的论证征税

正当性的理论，除了前面说到的封建社会的契约因素外，还有基督宗教和罗马法等历史原因。不过，以下两个现实的契机也不容忽视。一个契机是越来越商业化的环境，即 12 世纪城市复兴和商业发展以来，西方整个社会的经济和社会活动越来越依赖于契约的安排，“一个愈来愈以自由买卖契约为基础而安排其经济事务的社会，愈来愈以自由契约的眼光来观察它与国家的关系，是再自然不过的事”。另一个契机是英国在 16—17 世纪的政治实践，如 1567 年新教贵族强迫苏格兰女王玛丽退位、光荣革命发生后英国下院宣布废黜国王詹姆斯二世，在此过程中都大量使用了社会契约论的语言，以至于社会契约已成为政治意识的一种常态。

霍布斯在征税正当性问题上的论证

英国哲学家霍布斯（1588—1679）把论证国家的哲学基础与论述征税正当性紧紧结合在一起。在霍布斯看来，国家拥有征税权非常重要，君主必须拥有集结军队并且征税供养军队的权力。在国家权力中，征税权甚至是最为重要的。他在强调征税的必要性（即需要供养承担保护职能的司法部门与军队）时一定程度上是传统的，但他在主权者这个概念中，则加入了新时代的特征，即运用了社会契约的语言。用霍布斯的原话说，主权者就是“一大群人相互订立信约、每个人都对它的行为授权，以便使它能按其认为有利于大家的和平与共同防卫的方式运用全体的力量和手段的一个人格”。显然，这样订立的信约，就是社会契约。

霍布斯以孤立的、个体的人作为研究的起点，认为这样的人具有恶的本性（自私自利、残暴好斗、趋利避害），受自己内心无止境的欲望驱使，同时还具有理性。在他看来，政治社会的建立就必须以这样的人性为基础，以满足人的欲望为目的。在如此人性的基础上，霍布斯将缺乏公共权力后盾、普遍存在着孤立自私的个人这一状态，称为自然状态。在没有公共权力的情况下，人性的自私与争斗无限制膨胀，带来每个人对每个人的战争。可人们对于自然状态中普遍存在的死亡状态感到恐惧，于是彼此放弃自我管理的权利，放弃的权利被授予一人或由多人组成的一个集体，大家都服从这个人或这个集体所代表的人格（即主权者），统一在一个人格之中的一群人就是国家。在霍布斯心目中最为理想的制度是君主制，权力掌握在一个人手中。这样一来，公共利益和私人利益能够最和谐地融为一体（即在君主身上），如此可以最大限度地消除内乱、结束无政府状态。

在这样的国家哲学基础上，霍布斯对税收的本质给予了清晰的说明，并因此形成对征税理由的论证。他说，税收是一种通过供养国家来供养民众的“营养”，这种营养可能是国家提供的某种服务，也可能是通过国家转移的物资。他重点强调税收应该发挥的功能是保障安全，另外他也注意到税收所应承担的福利职能。

霍布斯运用他精心构建的社会契约理论，在征税正当性论证上至少完成了以下两个方面的转折。第一，从中世纪借助于封建惯例的论证，转向具有革命性的构建新社会或新国家的理论，强调征税权必须符合签订社会契约时的目的。第二，从古典政治哲学中整体主义的目的论（即只有符合整体目的的政治才是正义的），转向新时代个体主义的政治目的论（即只有以实现个体权利为目的才是正当的），强调征税权必须有利于个体的安全与福利。

洛克对现代国家征税权正当性论证的完成

相对于霍布斯来说，洛克所表达的理论是一种很容易了解的、平凡的哲学，具有“普通人的理性”，加上他不同意霍布斯对君主专制的主张，因此得到了更多人的阅读和欣赏，并取得了更大的现实影响力。

在洛克看来，包括征税权在内的政治权力，其正当性的依据何在呢？洛克的回答与霍布斯相似之处在于，二人都不认为它来自上帝的赏赐，而主张它来自被统治者基于自由意志的同意。洛克说，是自然状态中的人们通过订立社会契约来组成社会和设立政府，因而个人是第一位的，是本源和目的，社会和国家是第二位的，是派生的和手段。不过，洛克运用了自己的一些概念，构建了不同于霍布斯的社会契约论，并进而成为现代政治的常识话语。到了后世，政治上即使不使用“社会契约”这样明确的字眼，但精神实质与话语体系也与洛克具有共通性。

洛克显然不同意霍布斯基于人性恶而将自然状态等同于战

争状态的观点。在洛克的自然状态中，人类处于自由、平等、和平的状态，人不必服从于任何他人的意志，只需要按照自己认为合适的方式行动，其中最重要的是任何人不得侵害他人的生命、健康、自由、财产。但由于在这样的自然状态中不存在拥有权力的共同裁判者，在有人侵害他人的生命、健康、自由或财产时，缺少明确的成文法作为判断是非、仲裁纠纷的共同尺度，也缺少一个依法办事的共同裁判者，缺乏权力来支持公正的判决，使之得到执行。于是，为了避免在自然状态中的不便，保护人们的生命、自由和财产，通过以下两步契约形成可以征税的国家：首先，经所有人的一致同意，人与人相互之间签订契约组成一个政治社会，人们放弃自然法的裁判权和执行权，把它交给社会；然后再由政治社会中的成员，依多数原则，成立一个服务于社会的信托机构即政府（统治者拥有最高统治权，拥有人们可以向其申诉的裁判权力），社会向政府授权来保护公民的生命、自由和财产，政府为履行职责而有权征税。

在这样的国家哲学基础上，洛克认为，税收在本质上是私人财产权的一种让渡，而私人财产权先于政治社会，先于政府，更先于征税机关而存在。税收是用来保护私人财产权的经费，其自身是私人财产的一部分；政府并没有自己的财产（作为私人的国王有自己的财产），其本质只是一组权力（仅限于用来保护每一个人及其财产），而这种权力也是派生性的，无论是立法权和行政权都只不过是每个人把他的天赋权利或自然权利“让渡给社会”而形成的。那么什么样的征税权是正当的？洛克认为，其一，征税的目的必须合法，即税收供养的国家必须因保护财产权（包括生命、自由和财产）而产生，并为此目的而运行；其二，一定要有纳税人的同意，而这种同意由议会来表达，即由议会决定征税与用税。

1688 年光荣革命后，英国代议民主制不断巩固并顺利地向新国家类型转型，对此洛克的理论奠定了比较可靠的基础。18 世纪的英国，正是在以洛克为代表的众多思想家的影响下、在代议民主制下诸多国务活动者的努力下，于现实中逐渐地巩固了现代国家制度，在财政上表现为税收国家的逐渐成型。众所周知，洛克的理论还为美国独立建国奠定了思想基础。

小结

本篇是要说明在西方税收国家的兴起过程中，征税的理由是如何发展的。西欧在 9—10 世纪兴起的独特的封建制度，不仅是现代税收兴起的来源，它的契约性质还为有关各方提供了征税的理由。而在近代早期（16—17 世纪），学者们发展出社会契约论来承接封建契约关系下的征税理由。在其中，霍布斯与洛克基于前人的理论与英国的经验，建构起比较完善的社会契约论来表达以下观点：国家的正义与征税的理由来自民众自由的同意；个人是本源和目的，而社会和国家是派生等等。但二人从不同的自然状态起点出发，分别得出了支持专制君主制度（为保护个人安全）和议会民主政治（为保护生命、自由与财产）的不同结论。

不过需要注意的是，在洛克那个时代，所谓的民众是相对抽象的，并不指人人或所有人。那个时代的国家，并不掌握所有人的姓名，甚至连确切的民众数量与分布状况都搞不清楚。参与国家管理的只有部分贵族或者精英人士，在地方层次上充当陪审员、充当民兵的普通人数量很少。在那时，甚至也不是所有的人都纳税，提供主要财政收入的合法税种仍是传统的直接税（各等级依其地产而纳税），穷人按惯例不需要纳税。那时的思想家，普遍地持有一种贵族理性主义的观点：只有少数精英才拥有智慧去发现什么东西对人民有利，普通人并没有这样的智慧，也不可能对人类生活的重要领域做出贡献。这样一种对征税理由的论证，可以称为“为民征税”。在卢梭等思想家看来，这么做还远远不够，按道理每一个人的意志都应该参与到公意的形成中，而政府应该始终处在公意指导下，这样才算是真正的征税理由。这将是本书下一篇的内容。

博丹悖论：

为什么对自己征税那么重要？

16 世纪法国思想家让·博丹（1530—1596）在自己的著作中，对征税权有过截然不同的两种表述，并进而构成了一对悖论：（1）国王行使的主权是一个国家最高的、绝对的、永久的权力，在这一主权中包括了对臣民课税的权力，因而征税权是绝对的、最高的权力；（2）只有在国家面临财政危机又没有其他办法的情况下，在征得代表财产权的三级会议同意后，国王才可以依靠征税来获取收入，由此征税权并非绝对的、最高的权力，财产权才是。征税权既是绝对的权力，又不是绝对的权力，被后世学者乌尔夫概括为有关税收的“博丹悖论”。在税收领域博丹悖论的存在，既反映了那时征税权与财产权分属不同人群的现实（即征税权属于国王、财产权属于有产阶级），也说明了直至中世纪晚期和近代早期，对征税理由的理论论证仍然不足。

本书前一篇说到，封建时代征税的理由主要集中于说明税收是用来帮助国王履行公共责任的代价。而到了近代早期，以洛克为代表的思想家认为，征税的国家是所有的人为了自己的利益经一致同意的社会契约过程建立的，征税法令是由经多数人同意而产生的议会发布的。在一定程度上，洛克等人都是在运用国家的起源理论来提供征税的理由，即征税符合（也应当符合）从自然状态中建立国家时曾约定的那些条件。但起源的正当性并不能为征税权的正当性提供充分的理由，因为从事税收立法的议会虽说应当“为民征税”，可那时的议会往往都由贵族精英组成，它能否真正代表“民意”？如何能保证征税与用税的过程始终符合民意？就是说，征税要正当，不仅要在制度上体现它的目的是为民征税（“一切为了人民”），而且要在手段上实现由民征税（“一切经过人民”）而不是由贵族精英来征税。

其实，要化解前述税收领域内的博丹悖论，也需要征税理由中“由民征税”的发展。就是说，如果由民众行使主权对“自己的”财产征税，即征税权（主权的一部分）和财产权属于相同的人（即民众）且由相同的人来行使，那么就是由“我”向自己的财产征税。财产权与征税权属于同一人，两种权力自然不存在谁高谁低的问题。若用法国思想家卢梭（1712—1778）在《社会契约论》一书中的说法来衡量，即对自我的强制乃是唯一合法的强制，“唯有服从人们自己为自己所规定的法律，才是自由”，那么民众对自己的财产征税，事实上就是对自己行使强制权，而不是由国王（或贵族精英）对民众行使强制权，如此的征税权才是真正正当的。事实上，正是从卢梭理论出发发展起来的现代民主制度，才完成了对征税理由的论证，而这对税收国家的兴起来说至关重要。

卢梭用“公意”理论来解决由民征税问题

如前所述，要论证征税是正当的，不仅需要证明税收应该“为了”民众而征收，而且需要证明它“经由”民众来征收。可是怎么样才能真正实现由民众向自己征税呢？卢梭给出的答案是，政府必须时时刻刻接受“公意”的指导。

在卢梭看来，政治生活有赖于整个社会的意愿与积极参与，政府所做的事情，必须也是社会每个成员想做的事。政治权力至少要满足以下两个条件才真正地正当：其一是政府的产生必须源自人民的意志，不是遥远过去的意志，而是由定期选举甚至时时刻刻表达的意志；其二是政府的实际运作应该始终遵循民众的意志，以增加人民幸福为根据，不能实现这一点就没有正当性。卢梭为此提出的论证，仍然借用了社会契约的形式。

卢梭承认了以前思想家的观点，即公民社会不是自然的，而是约定的。之所以需要这样的约定，是因为“自然状态中不利于人类生存的种种障碍，在阻力上已超过了每个个人在那种状态中为了自存所能运用的力量”。于是要找到一种人类结合的形式，在其中人能保持着与自然状态中一样的自由，同时还能克服自然状态中的不便，这样的国家以及因此征税才最为正当。

对于这样的结合形式，卢梭提出的方案是这样的：人与人之间约定（签订一种社会契约）结成共同体，将个人一切权利转让给代表公意的整个共同体，即“我们每个人都以自身及其全部的力量共同置于公意的最高指导之下，并且我们在共同体中接纳每一个成员作为全体之不可分割的一部分”。在这样的结合形成后，为了让它有力量，“为了使社会公约不致于成为一纸空文，它就默契地包含着这样一种规定——唯有这一规定才能使其他规定具有力量——即任何人拒不服从公意的，全体就要迫使他服从公意”。

在这里，卢梭的论证主要围绕着“公意”（又译为“普遍意志”或“一般意志”）来进行。如果政府的产生与实际运作始终服从公意，如果征税与用税服从了公意，那么这样的政治与税收就是正当的。不过，在此处需要探讨的问题是，到底什么是公意或者说人民的意志？卢梭在著作里的解释是，公意指向的是每个人的共同利益，它由每个人个别意志中共享的部分构成。他一再强调，公意不是众意，公意只着眼于公共利益，而众意则是个别意志的总和，“除掉这些个别意志间正负相抵消的部分而外，则剩下的总和仍然是公意”。在公意产生后，当个人服从代表公意的社会契约（即法律）时，个人服从的就是本人所共享的那种公共利益；由于个人的意志参与到了公意的形成，因此服从公意也就是服从自己的意志。于是，个人实现了自由意志（没有失去自由），也实现了自然状态中无法实现的个人利益。

但这样的公意如何形成，卢梭其实并没有说清楚，因此他的公意概念便成为思想史上无休止争论的起点，经常被视为一种空想，甚至被认为是极权主义的源泉。不过，在现实中发展出来的现代人民主权，与卢梭的理论关系甚深，至少体现为以下两个方面：其一，所有的人（不只是洛克理论中的有财产的人），都有参与政治进行立法（缔结社会契约）的权力，都有权表达自己的意志；其二，人民是国家的真正主人，政府只是受托办事的仆人，一旦政府违背人民意志，人民就有权更换政府。

前面说过，对于谁是可以参与政治的“人民”并因此形成“民”意，在卢梭那个时代通行的是贵族理性主义，这种思想并不认为普通人特别是无财产的人应该或者有权参与政治。平民出身且身为日内瓦共和国公民的卢梭，始终关注普通的大众，厌恶上层贵族，对于社会不平等更是极端愤恨。因此在卢梭那里，人民一定指的是所有的人，包括普通人在内，每一个人都应该是这个政治社会活跃而负责的成员。与那个时代的其他思想家相比，卢梭信任普通人的能力，认为他们能够有效地参与政治制度运作和政治生活过程。由他发展出来的“公意”理论，将普通人的意志包括在内，包含了对普通人政治智慧与政治行动的肯定，从而否定了由贵族精英代替民众执政并决定一切问题（包括征税与用税在内）的做法。就这一点而言，卢梭远超当时的政治学者，并因此成为现代民主理论的奠基人。

在卢梭之前或当时的封建国家，政府也多多少少地宣称自己关注民众的幸福（或者为民谋福利），但并不认为民众的意志与幸福是决定自己生死存亡的唯一因素。政府（或者君主）认为自身或者自己掌握的权力（特别是征税权）另有来源（比如说来自上帝、血统、土地或者传统），而并非来自民众的意志，也无需时时刻刻遵循民众意志的指导。

民主制的现实构建与公意的实现

在理论上，经过卢梭对社会契约论的改造以及其他学者在此基础上的发展，征税的正当性可以表达如下：根据民众的公意来决定税收的筹集与运用，目的是促进民众的幸福。不过，需要注意的是，卢梭对于公意的这一认识在相当程度上是规范性质的，他只是以此来作为评判政治权力正当性的标准。至于经验层面上的公意或者说在实践中如何形成公意，卢梭说的不多。

卢梭强调说，在立法过程中，人类往往能够超越特殊利益与偏见，致力于考虑普遍问题，所以唯有立法才可以真正说是公意的行动。那么，在卢梭那个时代的立法机构（即等级会议或者封建议会）能够表达公意并接受公意的指导吗？卢梭的答案是否定的，他举那个时代最为发达的英国议会为例说，英国人民“只有在选举议会议员的期间，才是自由的；议员一旦选出之后，他们就是奴隶，他们就等于零了”。

事实上，卢梭青睐的是他的故乡日内瓦共和国那样的由公民全体参与表决的直接民主，并不赞成间接民主（代议制民主）。可是，现实中的国家，在范围上基本都远超日内瓦共和国那样的城邦，因此不可能实行所谓的直接民主，只能实行以代议为特征的间接民主。熊彼特表达了现代人对此问题的普遍看法："民主方法就是为现实共同福利作出政治决定的制度安排，其方式是使人民通过选举选出一些人，让他们集合在一起来执行它的意志，决定重大问题"。所以，由议会这样的代议机构来表达公意，是现实政治的必然要求，也是后人对卢梭理论的发展。

不过，需要强调的是，现代用于表达公意的议会并不是封建时代的议会（仅限于贵族与有财产者的等级会议）。现代议会至少在以下两个方面不同于封建议会，而这两方面都与卢梭理论相关，或者说现代议会正是在中世纪等级会议基础上加以卢梭理论的改造才形成的：第一，现代议会一定是经过包括普通人在内的普选产生的，就是说表达公意的人民应该包括每一个人（在现实中仅需排除未成年人、精神不健全者和被依法剥夺政治权利的服刑犯人等数量有限的人），为此需要有普选程序；第二，用议会所表达的公意指导政府的行动，政府权力完全来自人民并受人民意志的支配，议会和政府并没有其他的权力来源。

法国大革命期间的教训以及英美代议制机构的实践经验，还为现代议会的运行增添了两个限制性条件，从而进一步完善了能表达公意的议会在现实中的运行，并进而形成了现代民主制。

第一个条件是，多数票决策规则应受限制。现实议会的运行离不开投票，而投票决策一般来说采用多数票决定。但源自古希腊古罗马和法国大革命期间的教训是，简单地用多数人的意见来代替人民的声音，可能会导致多数人的暴政。法国思想家贡斯当（1767—1830）承认，只有按多数票决策建立起来的人民主权才是合法的权力，否则便是非法的暴力。但是亲眼见识过法国大革命中狂暴行为的贡斯当，又强调人民主权原则可能会被用来论证某种前所未有的暴政，因为多数的同意并不能使一切行为都合法化，有些行为永远也不可能合法化。他说，公民特定的个人权利（人身自由、宗教自由、言论自由、财产权等），独立于任何社会政治权力之外，任何侵犯这些权利的权力都会成为非法权力。现代民主制度由此形成了两个根本性原则：（1）少数服从多数；（2）保护少数人的特定权利。这样的代议制民主，在很大程度上是一种在普选基础上对权力的限制和监督体系。

第二个条件是，由竞争性过程来运行议会。熟读卢梭著作的美洲殖民地的政治学者与政治领导人，在运用母国经验建立殖民地议会的实践中，发展出了关于公共利益或人民意志（公意）的新看法，即并不存在独立的公共利益（共同福利），民主必然实际建立在私人利益基础上。他们发现，在现实政治运行中，并不存在全体人民都同意或者可用合理论证的力量使人民同意的独一无二的共同福利；对不同的个人和集团而言，共同福利必然意指不同的东西。他们觉得，在政治中，追求个人利益的实现完全合法，只要它做得光明正大，只要它不用贵族的公正无私这一类冠冕堂皇的说法作掩饰即可。这样的看法后来成为现代代议制运行的关键，也是代议制能够成为表达征税正当性制度的关键。由这一理论出发，现代民主的运作就可以建立在私人利益的基础上，立法过程可以公开地追求私人的利益，各个集团都可以通过选举制度派代表进入政府。这也就意味着在选举政治过程与议会立法活动中，竞争程度必须也必然越来越高。

关于第二个条件，还需要再多解释两句。熊彼特在《资本主义、社会主义与民主》一书中认为，现代民主实现公意的关键是代议制过程中的竞争，那些职业政治家要竞争人民的选票以取得政治领导权，就必然要设法迎合选民的私人利益。由此可见，主要作为经济学家而成名的熊彼特，在思考以竞争性政治过程来实现公意（人民意志）或共同福利（公共利益）时，是在跟经济过程中的市场竞争相类比。他的意思实际上是说，市场竞争过程把市场中追求个人私利的行为导向实现社会利益，而政治中各个集团在选举与立法中的竞争行为也会导向公共利益的实现。这样的共同福利（或者说公意）不是一个客观可辨认的结果，只能通过充满主观性的竞争过程来实现。举个例子来帮助理解。比如经济学中的一般均衡理论认为，有且只有一套价格体系，能让每一个市场都实现均衡，并进而实现资源的最优配置。但在现实中，我们并不需要也没有办法找到那套价格体系并用它来指导资源配置，只要保持充分的市场竞争过程，最终的结果就能大体接近资源配置的最优状态。因此，只要保证代议制运行过程中的竞争性，就能最大可能地表达公意（或者说导向实现公共利益）。对于这种由政治竞争过程导向公共利益的实现，政治学者约翰·邓恩说，“古典共和主义的理想，认为社会中存在一种公共利益，它与社会中各种私人的市场利益毫无关系，立法者应当毫无私心地推进这种利益，这种看法倘若不是完全被人否定，最终却是衰落了”。

那么，在经验层面上，怎样的征税权才是正当的？它必须是用严格的选举程序来保障有竞争的普选制度，由此产生一部分代表（社会精英）组成代议制机构并竞争性决定征税法令与用税项目；与此同时，实际执行征税权的政府也时刻处于这样的代议制机构监督之下。

托克维尔眼中正当的税收国家

显然，只有在民主国家内，征税才真正具有正当性。这个在 18 世纪经卢梭阐发的原理，又由 19 世纪出身于贵族的思想家托克维尔（1805—1859）再次予以揭示。托克维尔借助于对当时最为成功的民主国家美国的分析，在《论美国的民主》一书中说明了现代国家的民主本质，也指出了民主可能存在的缺点及其克服的方法，从而加强了人们对民主制度的信心，并因此完成了对征税正当性和现代税收国家的论证。

在托克维尔看来，正当的国家必然是民主国家，民主制具有不可避免的发展趋势，而现代民主制度就是代议制民主。显然，在这样的制度下，具有正当性的税收必然具备以下的特征：（1）由民众决定税收（表示对征税的同意），在形式上通过竞争性选举产生的代议制政府来运行，并有一系列精神的和制度的配套；(2) 税收的征收与使用，虽然由多数人决定（多数人利益优先），但一定要确保少数人的权利（人身与财产权利），防止多数人的剥削。

对于在现代民主制基础上形成的这种国家，虽然托克维尔尚未使用后来的名词“税收国家”，但指出了在财政上它至少具有以下几项特征：第一，这样的国家总是富足的，它不会像专制国家那样妨碍人民生产、夺取人民的生产成果，而重视保护现有的财产，因此“它生产出来的财富比它所毁掉的多千百倍”；第二，这样的国家带来的政府是最节约的政府，由于民主国家绝大多数人都有财产，当选的人因此就是中间阶级的代表，由此产生最节约的政府；第三，这样的国家带来的是在支出上最符合公益、最能兴利除弊的政府，这是因为人民掌握了大权，他们受过痛苦，了解百行百业的细节，愿意并且能够在需要花钱的事业上发挥自己的积极性；第四，这样的国家将是一个税收与支出不断增长的国家，主政者过的只是差强人意的生活，但为了满足人民的需要和便于人民安居乐业，却不惜耗费巨资。

小结

本篇接着上一篇说明，征税权要正当，不仅要证明国家“一切为了人民”而征税，还要证明征税过程“一切经过人民”，即征税权始终控制在拥有财产权的人民手中，这样才能克服博丹悖论。卢梭通过以指向公共利益的公意为基础改造了社会契约理论，在理论上表明包括普通人意志在内且时刻服从民众意志的民主制度，才是唯一具有正当征税理由的制度。卢梭及同时代其他思想家的理论，在18—19世纪驯化了中世纪的代议制，在此基础上形成了现代代议制民主，包含受限制的多数票决策程序和经竞争性过程实现公意两个条件。托克维尔基于美国民主实践所作出的研究，进一步丰富了现代民主理论，完成了税收国家的民主构建。

公平征税：
为什么最终是民主问题而不是技术问题？

2018 年 11 月开始，法国民众发动持续数月的“黄背心运动”，抗议因柴油和汽油税调高而给工人、退休者、中产阶级增加的税收压力。税收斗争，其实自古以来一直就是阶级斗争的一种形式。在为税收发起的斗争中，反对征税不公是重要的原因。税收公平，也被公认为是优良税制甚至好政治的标准之一。在西方走向现代国家的过程中，税收公平越来越成为财政制度乃至国家制度建设的目标。到了 19 世纪下半叶，已进入现代的西方国家普遍认为，只有大力征收以所得税为主的直接税才能实现税收公平。

可如果说所得税能实现税收公平的话，那么需要在技术上如何具体地设计呢？理论探讨与实践发展的最后结果表明，公平征税在相当程度上是一种主观感觉，它需要民主程序来表达或决定。

什么是税收公平

税收公平的含义有很多，在这里我简单地将其界定为税负平等，即纳税人承受的税收负担相等。在从中世纪向现代的国家发展进程中，西方世界在实践与理论中不断地探索优良税收的标准，想依此判断税制的好坏。大体而言，学者们对于优良税收的探索，不仅涉及税收要发挥保护安全、发展经济、保障福利等实质性功能，还要符合普遍、直接、规范、平等等形式标准。

此处暂且不论实质性功能，单就形式标准来看。所谓税收的普遍标准，指在设定纳税人和课税对象时应尽可能地遍及一切人和物而排除免税特权（符合法定减免标准的除外）。所谓税收的直接标准，指由国家机构直接征税，而不经过中间环节（如包税人）的代理。所谓税收的规范标准，主要指经由立法程序颁布统一的、确定的税法来征税，摒弃临时性征收与非法征收。所谓税收的平等标准，主要指纳税人相互之间的税收负担平等。

之所以用这四个标准作为优良税收的形式标准，是因为自中世纪以来直至 18 世纪，财政思想家的批评对象主要是封建税收。这些封建税收大多是在历史发展过程中经“一事一议”形成的，显得零散、混乱、缺乏规范，并因征税能力与征收机构的欠缺而不得不动用包税人或代理人。在财政思想家们的反复批评和国务活动者的不断改革下，从中世纪起开始诞生的税收在现实中逐渐变得可以满足普遍、直接、规范等要求。于是，到了19世纪，优良税收的标准逐渐集中在对税负平等的要求，并被当作促进社会公平的工具。

那么，到底怎样才算是税负平等呢？大体说来，衡量税负平等有受益原则和量能原则两个方面：前者认为，税负大小应该与纳税人受益多少成比例，受益越大就应该纳税越多；后者认为，税负大小应该与纳税能力成比例，能力越强就应该纳税越多。

在税收国家发展的初期（17世纪前后），有关税负平等的受益原则更占上风，或者说处于黄金时期。显然，这一原则与此时用社会契约论来论证国家征税的正当性相关：国家是保护民众权利的工具，纳税人根据自己所获利益来承担税负自然是应有之义。由于这一时期的税收仍以传统土地财产税为主，穷人没有什么土地，针对穷人并使其受益的财政支出也极少；而富人既有纳税能力，从财政支出（国防、司法、必要公共设施）中受益也大。因此，穷人受益少、能力低，不交税或少交税，富人受益多、能力高，就多交税，受益原则和能力原则在此时是一致的。

可是到了19世纪下半叶在以英国为典型代表的西方世界，针对穷人的财政支出越来越多（或者至少认为应该增加），此时再使用受益原则来征税显然已不再适用。思想界越来越多地从量能原则来衡量税负的平等，要求通过落实量能原则让税负落在有能力的人身上。英国在税负平等方面思想与实践的变化，与税制结构转型结合在一起，影响了同一时期的其他国家。

追求税负平等推动了税制结构的转型

不同的税收种类组合，就形成不同的税制结构；这样的结构又大体可分为间接税为主体的税制（间接税制）和直接税为主体的税制（直接税制）两种。在税收种类选择方面，思想的演进过程与现实的发展进程基本一致，大体上可以区分为两个明显的阶段：一是从传统的以土地税为主的直接税制向以消费税为主的间接税制的转型（大约在 17 世纪至 19 世纪上半叶）；二是从间接税制向以所得税为主的现代直接税制的转型（大约在 19 世纪下半叶至 20 世纪）。驱动这一过程的因素，固然有经济形态变化与税收征管能力变化等方面的原因，但普遍、平等、直接、规范等优良税制的形式要求也发挥了大作用，尤其对税负平等的要求更是发挥了重要作用。

在学者们看来，消费税的优点是：（1）可以实现普遍征税，只要购买商品就要交税，没有人有免税特权；（2）征税环节简单、成本比较低，税务机构只要控制商家销售端即可；（3）鼓励储蓄，只有用于消费的收入才需要承担税负。但消费税也有缺点：（1）对商品价格实行比例税，由于各种商品转嫁税负能力不同，最终影响了商品的比价关系，干扰市场竞争的作用；（2）由于税收加在商品价格上，抑制了消费，不能通过扩大消费引导经济发展；（3）社会各阶层之间税收负担不公平，这是因为穷人收入几乎全都用于消费而要缴税，富人大部分收入并不用于消费而不用承担税负，而消费税又不能实行累进征收。相对而言，所得税（尤其是个人所得税）的优点是：（1）可以用累进税率征税，符合人们对富人多交税、穷人少交税或不交税的公平感；（2）与商品价格无关，不干扰商品市场价格，也不干扰消费决策。如此优缺点的比较，让这一时期的西方国家税制纷纷转向直接税制。

在此过程中，英国的发展最为典型。在从中世纪封建国家向现代国家转型的过程中，英国的税收制度从传统的直接税制转向了现代的间接税制。以 1750 年的英国为例，在这一年来源于土地税为主的直接税比例为 28%，而来源于消费税为主的间接税的比重为 72%。到了 19 世纪上半叶，间接税比重仍远远超过直接税。从 19 世纪末到 20 世纪早期，英国建立了直接税制，以所得税为主体并对某些商品辅助性课征关税及消费税。以 1919/1920 财政年度为例，直接税比例为 75. 1%，而间接税比例为 24. 9%。这一转型的发生，与 19 世纪中期英国贫富差距加大、社会问题突出等原因直接相关，在此时人们纷纷要求政府建设促进税负平等、纠正社会不公的直接税制。约翰·密尔（1806—1873）说出了那个时代的呼声：“为什么平等应该是征税的原则？因为在一切政府事务中都应遵循平等原则”。

到 1954 年，英国皇家委员会确认了英国对累进性所得税的承诺：“我们对当今公众意见表示满意，为了符合公平分配的理念，不仅需要累进税率而且需要陡峭级距的累进所得税，这样的看法被广为接受。”在这方面，美国学者加尔布雷斯也许给予了直接税制最为清晰的辩护意见。在他看来，随着收入和购买力的提高而超比例地提高的累进所得税制，有利于实现权力的均等化，促进了收入的均等化。

探索负担公平所得税制的技术特征

到 19 世纪末 20 世纪初，税制是否优良决定了西方现代国家制度建设能否成功，而此时西方探索优良税制的焦点又落在了建设以所得税为主的直接税制身上。可是，为了实现税负平等这一目标，具体该怎么设计一种所得税制，以便让纳税人承担适当的负担呢？在这方面学者们的意见并不一致，得到他们公认的无非是采纳一种量能原则，即能力大的人多纳税，能力小的人少纳税，无能力的（贫困者）不纳税。那么有没有什么科学的技术标准，可以用来设计出这样一种所得税制呢？学者们在此方面的探索，大致集中在三点：（1）税率的特征；（2）所得税负分配方式；（3）税基的选择。

就税率特征而言，可供选择的无非是比例所得税与累进所得税。哪一种税率特征在分配税收负担时更为公平呢？一般来说，多数人会倾向于累进所得说，认为它更能促进平等。就像 19 世纪末德国财政学家阿道夫·瓦格纳（1835—1917）说的，税负的平等性应该具有的“含义是‘尽可能根据经济能力来征税’。既然比起绝对收入与财富，经济能力增长得更快，那就应该对高收入者实施累进税率，而不该采用单一比例税”。但是对于累进税率，也存在非常重要的反对意见。反对者的主要理由是，采用何种税率（比如说最高税率是80%还是45%?）以及级距的大小如何（比如说累进税率的级距采用四级还是七级，彼此相差多大?），其实并没有科学的标准，在相当程度上它是基于主观性甚至政治考虑而得到的结果。就像美国财政学者哈里·拉兹说的："任何有关税率的尺度都只是猜测，或者是出于政治和财政方便的结果。哪里的政策建立以方便为基础，哪里的不公正就难以避免。"但是比例所得税与之相比，同样显得主观臆断（比如说比例所得税的单一比例定为13%还是20%?）。正如拉兹所批评的，比例所得税同样武断和不公。

就所得税负分配方式来说，有客观标准和主观标准两种。按照个人收入（或财产）的客观数量标准来分配所得税的税负，被人们广泛认为是公平的分配税负的方式。在现实中建立起来的所得税制，一开始就按照这样的客观标准建立起税负分配方式，目前依然如此。但在19世纪70年代经济学边际革命发生后，学者们逐渐地开始从主观感受的角度来衡量税负的大小，即从税收给纳税人造成的牺牲（主观感受到的负效用）的角度来衡量税负，认为主观效用才是真正科学的标准。一般认为是约翰·密尔首先将主观牺牲原则引入到税负研究中，他将公平征税的含义理解为牺牲的平等，即所有的人因纳税而产生的牺牲都必须相等，"政府是广大人民和阶级的政府，强烈要求对人民和阶级无差别地同等看待……因此，在政治原则上，税收平等意味着牺牲平等"。密尔主张的牺牲平等实际上是绝对均等牺牲（即富人与穷人各自的牺牲总额相等），在技术上被认为不合理。后人又分别提出比例均等牺牲原则（富人和穷人因税收造成的牺牲占各自税前收入效用比例相等）与边际均等牺牲原则（富人和穷人分别交纳的最后一块钱税收的牺牲相等）来加以合理化。尤其是从技术上来说，众多学者指出，只有遵循边际均等牺牲原则才会带来社会牺牲的最小、社会的幸福最大。不过，后世学者纷纷指出，税收的主观牺牲带来的心理痛苦程度在实践中并无可靠的测量标准，尤其是人际之间的主观牺牲如何比较无法解决。可是，对于穷人和富人的应税能力与税负感受，无论我们是否喜欢，也不管在技术上是否可以准确地度量，社会都会不可避免地进行一定的主观评价与比较。

那么就税基选择技术而言，有没有什么科学的标准可用来建立一种负担公平的所得税制呢？接下来看一看。

税基从财产到个人所得的历史变化

在近代税收兴起的早期，衡量纳税能力的税基更多运用的是“财产”额，即封建时期传统直接税的税基。在当时市场尚未深化的经济环境中，并不存在有关财产的确切估值技术。于是，地产、牲畜、窗户、马车、火炉、仆人等数量，都曾充当过财产估值的某种指标。不过，随着经济现代化进程（工业化、市场化、金融深化）的加快，流量收入而非存量财产越来越成为纳税能力的标志，就是说所得而非财产日益成为衡量纳税能力的标志。熊彼特在 1918 年更是声称，按所得征税是资本主义和货币经济发展的必然结果。但是，什么才应该被认定为个人的“所得”呢？对税基问题的探讨，仍在不断地进行。

探索个人所得的确切内容，至少可以追溯到亚当·斯密时代甚至更早。在那个时期，重农主义者认为土地租金是唯一可行的所得税基，因为在他们看来地租才是个人所得的唯一真正内容。在古典学者如斯密和李嘉图等人那里，由于持有工资基金的观点（即资本家在使用资本时，只会留下仅够工人维持生活的金额作为工资基金，也因此工资基金数量只够工人维生），他们认为对工资征税就是对生活费征税，而工人事实上并无承担能力，因此对工资征税，税负最终都会被转嫁给租金或利润。基于此，这些学者不赞成对个人工资收入征税，不认为个人工资收入构成税基。那么向利润征税（即征收企业所得税）情况如何呢？他们认为这么做会过度干扰市场，造成资金外逃，不利于经济增长，据此他们也不赞成将企业利润纳入税基。这样一来，这些古典学者主张的个人所得税基就跟重农学派一样，局限于土地租金。

随着现代工商业经济不断地发展，学者们摆脱了古典学者的看法，赞成将个人工资性收入作为所得的一部分，并且一致主张应该从所得税税基中扣除维持最低生活所需的收入（具体扣除多少当然还需探讨）。可是，对资本的增值或财产的增加部分，又该如何征税呢？此部分是否应该纳入个人所得税的税基？

在将什么样的收入纳入所得税税基问题上，学者们又增加了以下几个方面的考虑：（1）为了鼓励资本发展，是否应该对进一步用于投资的所得免征所得税（仅对用于消费的部分征税）？（2）是否应该对工资所得、资本所得等区分不同的来源，然后征收分类所得税？（3）是否应该区分经常性、规律性的资本所得和非经常性、不具规律性的资本所得？（4）是否应该区分勤劳性（或需冒风险）的资本所得和不劳而获的资本所得，并分别予以征税？

不同的学者对上述问题有不同的回答，有些设想也已体现在所得税实践中，而有些设想在今天仍只具有理论意义。总体而言，现实中的所得税制越来越侧重于个人所得税，而对企业利润（尤其是用于再投资的部分），在征收企业所得税时往往给予极多的优惠。在个人所得税制的实践中，许多国家选择对非勤劳所得使用特别的税收予以处理（或适用比较高的税率），这些非勤劳所得包括土地增值收入、垄断利润、遗产、偶然所得等。

以“增值”来衡量个人所得

如果基于税负平等的考虑，那么将个人综合的或全部的收入纳入个人所得税的税基中才是合理的。不过，按照“现代财政学之父”马斯格雷夫（1910—2007）的看法，这一思想直到19世纪末期才出现，并特别体现在得到深入讨论的“增值（accretion）”这个概念中。他说，“增值”这一概念由德国学者乔治·香兹在1896年最早提出，美国学者黑格在1921年将它引入了美国的文献。在黑格看来，所得就是增值，因此“所得”

的定义（即税基）是："所得是某人在两个时点之间经济能力净增加的货币价值"。

美国学者亨利·西蒙斯（1899—1946）对"所得"也下了一个定义，他认为所得是下面两项的代数和：（1）在市场消费时反映出来的权利价值；（2）在两个起始点之间存量财产价值的变化额。可见，西蒙斯对所得的定义事实上包含了投资所得与偶然所得等一切收入。在此基础上，他还赞成所有这些收入都适用累进税率征税。西蒙斯注意到有不少学者担心累进所得税可能影响资本供给，但他认为这些学者夸大了税收对纳税人积极性的伤害；而且，他觉得就算他们说的伤害确实存在，可是通过累进税收达成的税负平等也远比资本供给带来的经济进步更为重要。西蒙斯的名言是，"进步与正义都是非常有代价的事业，最大的代价是彼此对方"。

总之，按照马斯格雷夫的说法，在"增值"这一概念的引导下，所得税税基问题可以统一地加以处理，综合的或完全的税基设计范围包括经常性所得，还包括未实现的资本收益、源于企业的所得、折旧等。这样的综合所得税税基（也是最宽的所得税税基）曾经是美国税制改革的旗帜，其目的在于确保税负的横向公平（境况相同的人税负相同）与纵向公平（境况越好的人税负越高，反之则反），实现西蒙斯所说的税收公平。马斯格雷夫评论说，美国税制改革的这一旗帜对所得税实践究竟有多大的影响是另外一个问题，但它确实为美国一代税收理论家提供了研究的重点与启示。

用主观标准"才能"来衡量纳税能力

西蒙斯在讨论所得税基时，除了用他建议的技术标准来衡量"增值"并作为所得税基外，他还考虑对非经济活动中的收益、心理的收益（如工作声望的价值）、赚钱能力等征税。因为在他看来，这些主观性质很强的收益或能力，才是承担所得税负的真正科学的标准。

除了西蒙斯，还有一些学者也提出，主观性很强的"才能（faculty）"可算作衡量纳税能力的更好标准。"才能"一词，在美洲殖民地时代即被人使用，不过在当时它主要跟财产、财产税有关。到后来，这个词的含义扩大到将专业技巧（职业能力）包含在内，因为有了这些技巧就意味着可以挣到收入，技巧也就代表了纳税能力。在 1888 年，美国学者沃克就曾建议以才能为税基，因为它优于以财产或所得为税基。他认为，如果把才能与所得进行比较，就能发现其优点在于：在"才能税"制度下，纳税人没法用"不知道"或"不能转嫁"作为逃税的辩解理由。

美国财政学者塞利格曼（1861—1939）同样认为，"才能"是更为合适的税基。他还创造性地将英国学者约翰·密尔的均等牺牲概念（即应该让每一个纳税人感受到的税收牺牲相等）与生产潜力观念融入到"才能"这一理念中。基于才能的增加比所得的增加更快这一原因，塞利格曼认为，我们据此可以得到支持累进税的结论。

举个例子来说明“才能”比起收入来是更为合适的税基吧。假设有位律师花 1 个月时间办结一个案子，收入 100 万元，然后在这一年的其他 11 个月时间里休息。另外一位计算机程序员，一年无休，“996”工作，一年下来也收入 100 万元。在现行以收入为税基的税法下，两人缴纳的所得税是相同的。可就征税来说，这看起来对程序员明显不公平，因为那位律师的才能明明可用来挣得更多的收入。显然，此时以才能为税基似乎更加合理。

可问题是，“才能”具有高度主观的色彩，在实践中难以准确地计量。对此，塞利格曼给出的辩护意见是：“就算我们永远也达不到理想标准，我们也没有理由说不该尝试着尽可能去接近理想标准。”

科学之上还有民主

以上可见，对于所得税税基的问题，西方财政学界进行了长期的探索，但似乎并没有得出什么科学客观的标准，反而落到了主观性一面。对于税率的特征、所得税负的分配方式、税基的选择，最终的答案似乎都是模糊的，依赖于某种主观意见，并无客观标准。这样一来，要建立负担公平的所得税制，还能找到科学客观的技术标准吗？若要回答这一问题，也许我们不得不接受美国财政学家格罗夫斯（1897—1969）的说法，“所有的税收或多或少都是武断的，没有一种税收界定方式经得住自然法或科学的分析”。

但是，鉴于税负平等是社会的基本问题，它将永远是财政学的核心问题，其内容根本不能无视。对征税公平的探讨提醒我们，税负平等问题答案的模糊性也许和公共利益这个词具有高度的主观性从而本质上就不清晰有关（正像上一篇讨论的“公意”一样）。可在税收国家的实践中，公共利益是我们无法回避也不应回避的问题。

对于这样的困境，财税学者提出一个解围方法，那就是，不再试图用科学的手段去准确地度量那些主观价值，而是在公共决策中用“社会意义”来简单地决定其价值，而所谓的社会意义又交给民主程序来裁决。就像美国财政学家詹姆斯·布坎南（1919—2013）针对阿罗不可能定理引起学界普遍的失望情绪时所说的，正因为不能保证以伦理上可接受的方法将个人偏好转换为一致的集体偏好，民主决策才有意义，“它可保证竞争性的选择方案能作为临时性试验而被采用、测试，并为结构不断变化的多数集团所认可的妥协方案所替代。这就是民主选择过程”。

所以，在技术上不能找到科学客观的方法来实现所得税的税负平等，也许正是我们不得不依赖民主程序决定税负问题的理由。换言之，有关公平征税问题，将从科学问题变成民主问题，由民主制下的多数来决定税率的特征、所得税负的分配方式、税基的选择等问题，当然由此作出的决定处于可被竞争性方案代替的状态。瑞典学者维克塞尔（1851—1926）强调过，税收公平问题内在地与民主制度结合在一起，这是因为个人的税收牺牲与支出受益是高度主观的事情，只有民众自身（或通过自己的代表）才有权并有能力加以权衡，并因此作出最终的决策。于是在现实中就必须建立起税收与支出同时决策的机制，让民众自己来衡量因税收带来的牺牲与因财政支出带来的收益是否相称，或者说衡量自己所缴纳的税收是否物有所值。

小结

本篇的内容主要是探讨西方国家在思想和实践方面对征税公平的追寻，强调追求税收公平是推动现代国家制度进步的内在动力。以英国为典型的西方国家税制结构，因此经历了从传统直接税到现代间接税再到现代直接税的转型过程。到 19 世纪末，所得税（尤其个人所得税）制度逐渐被认为是达到公平征税的主要手段。但在对公平所得税制的税率特征、税负分配方式、税基选择等多方面的探索表明，公平征税的实现并无科学客观的标准，最终需要交由民主程序来决定。

财政社会契约：

财政收入形式与现代国家形成有何关系？

在本书“财政国家”一篇中，我曾经提到一些拉丁美洲国家和东南亚国家目前仍处于“中等收入陷阱”之中。原因到底何在呢？学者们一个普遍性的意见是，这些国家的初期发展在很大程度上借助的是一种特殊优势（如自然资源、技术引进、人口红利等），但当人均收入达到一定水准后，由于缺乏现代国家拥有的那些特征（政治民主、法制健全、治理得当、社会自由、文化多元等），因而不能实现包容性增长（社会成员最大可能地参与经济发展并分享发展成果），于是整个国家就长期停留在中等收入水平，无法进入高收入经济体的行列，也不能转型为现代国家。

前面说过，从全球的眼光看，向现代国家的转型首先发生于西欧，然后世界其他地区才陆续展开向现代国家的转型进程。

那么是什么样的动因，推动了西欧地区率先转型为现代国家呢？又是什么原因，让许多发展中国家无法成为现代国家呢？对于这样的问题，已经有无数的有识之士发展出众多的理论来寻求其中的答案。

对于什么样的动因推动西欧地区率先走向现代国家这一问题，本书“财政转型”“税收谈判”两篇事实上已经给出了部分答案，那就是将税收视为推动西欧走向现代国家的原因。就是说，西欧国家在中世纪晚期存在的征税行为与税收谈判，决定了它们走向现代国家的成长方式与发展路径。奥地利财政学者葛德雪和学术巨人熊彼特，都曾从历史角度描述过税收与现代国家形成之间的关系，认为国家（君主）的财政收入方式从依靠自身财产转向民众征税，既是现代国家形成的标志，也是现代国家诞生的动力所在。正如熊彼特所言，“税收不仅有助于国家的诞生，而且还有助于它的发展”。这样一种对税收与现代国家形成关系的说明，被后来的学者称为“财政社会契约命题”。许多学者相信，这一命题同样可以用来解释当前一些发展中国家在现代国家形成方面的困难。

财政社会契约命题

财政社会契约命题的内容大致是说，社会契约在观念上创造了现代国家，而财政在现实中推动形成了现代国家；或者说，与其他收入类型的国家相比，税收国家更倾向于产生一个负责任的代议制政府。当代美国学者米克·摩尔曾经总结过财政社会契约命题的内容，大致有以下几个方面递进的因果关系。

（1）在现代国家产生以前，封建国家之间存在着持续的战争或战争的威胁。在战争中，只有那些能够有效地获得物质资源支持的国家才能获胜。可是，国家手中掌握的财产并不足恃，因为它能够提供的收入相当有限，而且常常被出售以至于无。因此，只有能够有效征税而不是依靠财产收入的国家，才能获得相对充足的物质资源。

（2）那些征收压迫性税收（特别在农业社会的背景下）而没有建立纳税人代议制的国家，在战争中无法生存下来。原因在于，征收压迫性税收，常常会引发纳税人的反抗，这使得征税成本过高，国家获得的税收净收入过低；而且，征收压迫性税收，不得不经常依靠代理人，可代理人往往会截留贪污大量收入，由此导致税收收入低下且不可靠。

（3）基于纳税人同意（表现为经代议机构的批准）而征收的税收，相比之下更为有效。受此类税收支持的国家，不但能在战争中生存，而且能够不断地成长。这是因为，基于纳税人同意而征收的税收，既有利于统治者也有利于纳税人：既然税收是经人民同意的，征税就会简单而低成本，也更为可靠，这对统治者来说显然有利；而对纳税人来说，这意味着他们能够用税收来换取统治者颁布有利的政策，于是就有可能将统治者逐渐驯化为服务于民众的工具。另外，如果纳税人能够决定国家的主要政策，他们就可能更愿意满足战时财政的紧急需要；而在存在代表纳税人组织的情况下，该组织也会相对有效地监督收支过程并减少浪费与腐败。

(4) 更一般地说，如果统治者的收入依赖于纳税人，那他们就会把自己的命运与公民的富裕程度紧紧地联系在一起，形成双方的利益共容。这样的统治者，就可能会致力于提高公民的富裕程度，而这反过来又会产生更多的财政收入并使国家变得更加强大，从而达到统治者与被统治者双赢的地步。纳税人会因此觉得更安全、投资更放心，统治者也能够更有效地实施长期计划。

从众多学者对税收与代议制之间关系的论述来看，大致存在着弱、强两个版本的财政社会契约命题。其中弱版本大致描述的是，税收与代议制之间未必有很强的决定与被决定关系，但在统治者对税收的依赖程度、代议制政府的出现、国家在对外竞争（尤其是战争）中的优势之间，确实存在着协同效应。而强版本说的是，相对于其他收入类型的国家，税收国家将倾向于产生一个负责任的代议制政府。在强版本基础上，更强的表述可能是用财政社会契约命题来代替其他解释西欧现代化的学说，表述如下：西欧在现代化过程中所经历的伟大的、历史性的转变，既不是因为资本主义的产生（如马克思所说），也不是因为现代理性官僚制的兴起（如韦伯所说），而是因为在中世纪晚期经历了从领地国家向税收国家的变迁，或者说在财政上用税收收入代替了财产（领地）收入作为主体收入形式。

谈判模型与合法化模型

为了解释上述财政社会契约命题，学者们又用了两种有区别的模型来加以解释：一种叫谈判模型；另一种叫合法化模型。

所谓谈判模型，说的是统治者用代议制来交换臣民的税收，或者说代议机构是统治者与被统治者就政府活动所需税收进行谈判的产物，特别是在统治者对税收有迫切需要（如发生战争等紧急事态）的情况下。从历史上说，英国国王并不想要一个国会，他想要的始终是更大的支配权力。但是，为了筹措经费应付战争，国王不得不先向男爵们（贵族们），然后向教会、绅士、市民让步。为了让这些人掏钱缴税，国王不得不给议会更大的权力，并最终形成英国代议制政府。

所谓合法化模型，说的是代议制并不像谈判模型描述的那样，统治者将其作为一种缴税的奖赏提供给被统治者，它实际上是统治者对征税行为进行合法化的工具。也就是说运用代议制的帮助，统治者可以创造臣民的义务感，让他们觉得缴税并不是出于害怕统治者的惩罚或者出于某种利益交换，而是经过自己的批准并为了自己的事业而付出的代价。像法国大革命之后建立代议制的国家，更多的是运用代议机构增强征税的合法性、创造纳税人的参与感，而人民的纳税义务感或责任感也确实因此增强，在国际竞争中国家获得的经费也更多。

在《发展中国家的税收与国家构建》一书中，学者布罗蒂加姆从以下两个方面概括了税收在欧洲现代国家兴起过程中的作用，并特别指出上述谈判模型中存在的谈判因素：一是基于税收而兴起的国家与社会的谈判过程，有利于代议民主制的产生与国家合法性的提高；二是由征收与使用税收而兴起的国家机构与制度的建设活动，有利于国家能力的增强。他说："税收在国家构建中的作用可以从两个主要方面来看：基于税收谈判的社会契约的产生；由征税规则所激发的制度构建动力。在第一方面所取得的成就能够培养代议制民主；第二个方面的进步能够加强国家权力。这两方面都能支持国家的合法性并且能改善国家与公民的义务与权利。"那么税收以及税收谈判真能发挥促进现代国家构建的作用吗？布罗蒂加姆说，这"主要还取决于国家与社会之间能否就财政收入方面进行完美协商"，而税收谈判"既有直截了当的讨价还价以及各类协议，也有不涉及协商的间接策略性互动和相互行为的调整"。

总而言之，税收之所以能促进现代国家的形成，其关键在于能否促成国家与社会就税收建立起谈判机制。有这样的谈判机制与谈判机会存在，现代国家所要求的政治民主、法制健全、治理得当、社会自由、文化多元等才有形成的可能，经济才能在此基础上发达起来。

不是所有的税收都能推动现代国家的形成

财政社会契约命题揭示，税收作为一种财政收入形式与现代国家的形成特别是代议制民主之间，存在着密切的关系。对于代议制民主而言，税收即使不是唯一的也应算是非常重要的动因。正因如此，有人将财政社会契约命题简单地概括为"税收推动代议制"。不过，需要进一步指出的是，并不是所有形式的税收都能同样地促进代议制民主乃至现代国家形成。

（1）当税收主要是向农业收入征收时。若向土地征收农业税，政府就可能倾向于采取压迫性的策略而不是与纳税人展开谈判，代议民主机制就难以产生。这是因为，土地无法移动，向农民征税，他们避税的可能选择极少（迁移困难），而武力反抗的成本又过高。这一说法可以用来部分地解释中华帝国时期的历史。相反地，如果政府主要向流动资产征税，由于纳税人拥有真实的或潜在的避税能力，政府就会倾向于与纳税人代表谈判，跟他们分享权力，以获得他们的纳税同意，这将有助于代议制的形成。在英国，那些向摩洛哥出口佛兰德布匹、从亚洲进口香料的商人，如果税负过重的话，就会很容易地被拉拢到阿姆斯特丹或安特卫普开店。

（2）当税收主要是关税（进出口税）时。拉丁美洲的许多国家，虽然很早就摆脱了殖民统治，但在走向现代国家的道路上一直进展不大，陷入前面说的“中等收入陷阱”。运用财政社会契约命题进行研究的学者们解释说，一个可能的原因是，这些国家在财政上主要依赖于本国自然资源形成的出口税与奢侈品的进口税，没有（也不必）向国内的生产与贸易活动征税。这样的国家，征税比较简单（只需要在少数几个港口设立海关机构即可），不需要建立复杂的财政机构去征税，也不需要由政府出面提供公共产品以换取纳税人在税收上的服从。于是在这些国家，政府机构的发育与代议制建设，进展比较缓慢。

（3）当税收主要依赖于寡头企业时。苏东事变之后，俄罗斯和波兰选择了不同的税收制度。俄罗斯政府选择向寡头大企业征税或强制借款，政府不再去寻求更可靠的收入来源，反而进一步地运用更官僚化、更强迫的手段向寡头企业征税（或借款）。而波兰政府则寻求直接向劳动收入征税，虽然在短期内征税成本更高、碰到的困难更大，但从长期来看却创造了更值得信赖的收入流，并有助于建立政府与有组织工人之间的契约关系，政体结构也变得更为制度化。

概而言之，如果政府向流动资产、向国内经济贸易活动或者向普遍的劳动收入征税，就可能促进政府机构（尤其是财税机构）的发展，有可能会推动政府用公共服务来换取民众的税收并在代议机构中寻求纳税人代表的同意。于是，基于税收的原因，国家与民众间的互动谈判机制得以建立，以代议民主机制为核心的现代国家制度将因此能更好地发展起来。

非税收入与现代国家

以上说的是来自西方的经验，即税收推动了现代国家的形成。如果一个国家不是依靠税收，而是依靠非税收入作为主要财政收入形式，那结果会怎么样？很多学者认为，在当今世界有许多发展中国家之所以难以成功走向现代国家，就是因为它们未能成功地将税收构建为主体财政收入形式，而大量地依靠非税收入形式。在非税收入形式中，除了一般数额不大的收费外，主要有国有财产收入、公债收入、特别租金收入等。

就国有财产收入或者说国有企业利润经上缴而形成的财政收入而言，本书“财政转型”那篇中说过，它在性质上可能是垄断租金，可能是经营利润，也可能是使用费或普通租金。出售或转让国有财产，也可能产生一次性的所有权转让收入。在国有财产收入的上述收益来源中，最有可能也最为常见的收益，实际上是垄断租金。一般来说，学者们认为，国有财产收入在性质上混合了公权力与私权力的性质，因而对现代政治发展而言，它不是一种有利的财政收入工具。如果一国政府比较多地依靠国有财产来获取财政收入，会混淆公权力和私权利的区分，干扰公共权力的运行，影响市场经济的运转，造成公共权力的私有化等问题。很多发展中国家之所以迟迟不能发展起来，跟它们创建了大量国有企业有关。这些国有企业效率低下、腐败丛生，不但没能带动经济增长并创造财政收入，反而破坏了市场、阻碍了民间资本的发展，还消耗了宝贵的财政资金。

公债收入是一类特别的财政收入，它本是政府在收不抵支出现赤字的情况下，通过举借债务的方式获得的财政收入。与税收相比，公债必须建立在债权人、债务人地位平等以及债权人自愿的基础上。严格地说，公债是现代国家才能有的财政收入形式。在传统国家，虽然也曾出现过君主举借债务，但它实际上是“私”债，而不是今天的“公”债。这是因为，只有经民众选举产生的代议制政府，才真正有权以国家或者公共的名义举借债务，这样的债务才能被视作是为了全体民众而举借的“公”债。大体上，从西方国家尤其英国的经验来看，通过大规模借款而获得可靠的财政收入来源，不但满足了战时的需求、度过了国家生存危机，而且公债还起到了推动原始积累的作用，完成了工业化。在20世纪生产国家与福利国家的建设中，公债在筹措建设资金与供给福利项目的过程中，也提供了重要的资金支持，发挥了巨大的作用。特别是在政府投资长期资本项目、实施宏观调控时，发行公债往往成为主要的筹资方式。政府发行公债的能力，也为众多社会保险项目提供了极为关键的兜底资金保障。不过，如果公债管理不当，也会给一国经济社会发展带来严重的消极作用，我会在本书“财政立宪”一篇中再加以讨论。对于发展中国家来说，举借公债收入来发展经济进而构建现代国家，是一把“双刃剑”。公债资金若使用得当，则确有助益，而使用不当则会让国家陷入债务泥潭、错失发展良机。

在西方经验中少见但在当今发展中国大量存在的特别租金收入，对现代国家形成是否有利呢？这里说的“特别租金”，指的是不同于一般的土地、房屋出租产生的租金，而是贫穷的外围国家（第三世界国家）从富裕的核心国家（欧美国家）获取的部分经济剩余，其中以下两种形式的收入最为重要：一种是自然资源租金，这是因某种资源对富裕的核心国家特别有价值而通过销售获得的超额收益（即租金），这些资源有矿产、钻石、木材等，当然还有石油；另一种是战略租金，主要是由有效的战略地位带来的各种形式的国外军事援助和经济资助，所谓有效的战略地位包括控制海洋运输要害地如运河，以及在军事联盟中处于重要地位等。在帝国时期，霸权国从周边弱国勒索所获得的“贡金”，或者近代早期西班牙人从美洲掠夺获得的金银，也属于特别的租金收入。只不过，这样的特别租金在现代西方比较少见。在短期内，特别租金收入对发展中国家当然有帮助，但学者们认为，从长期来说自然资源租金和战略租金对发展中国家的国家形成是不利的，这种不利影响分别被称为“资源的诅咒”和“外援的诅咒”。像长期依赖石油收入的中东国家和获得大量外援的埃及等国，都属于这种情况。这是因为，与征税获得财政收入相比，一个国家如果主要依靠特别租金而存活，那么国家机器与社会集团之间就缺乏谈判与交易的机会。这样的国家，不能形成有效的治理结构，难以创造人群之中的共同体（民族）意识，也不能建立起对政府权力进行强有力约束的制度。美国学者米克·摩尔特别提醒说，许多南方国家在政治建构中存在的一系列的缺陷和病状，都可溯源到对自然资源（尤其是石油和矿产）租金以及战略租金（尤其是国外援助）而非税收的高度依赖上。换言之，若依靠特别租金作为主要的财政收入来源，将对一国政治发展不利，这也是当前众多发展中国家构建现代国家制度时困难重重的部分原因。

小结

本篇想说的是，学者们根据税收在西方现代国家形成中的推动作用而总结出“财政社会契约命题”，该命题又被诸多学者运用当代发展中国家的经验加以验证。大体上，谈判模型和合法化模型可以用来解释税收推动代议制发展的因果关系，但需要注意不是说所有的税收形式都有这样的推动作用。从当代发展中国家的经验看，非税收入对现代国家的形成往往起到了负面的作用，其中“资源的诅咒”和“外援的诅咒”应引起特别的注意。

财政社会契约理论还包含了一个可能的启示，那就是如果鼓励和支持当前的发展中国家从很少向国内征税转变为向国内的经济活动、流动资本、劳动收入征收更多的税，那会推动国家与社会之间的谈判，由此可能会获得潜在的“治理红利”，即因国家制度向现代进展及治理能力增强而带来的额外收益。治理红利如果存在，那它也许就是一国克服“中等收入陷阱”的机会。

生产国家

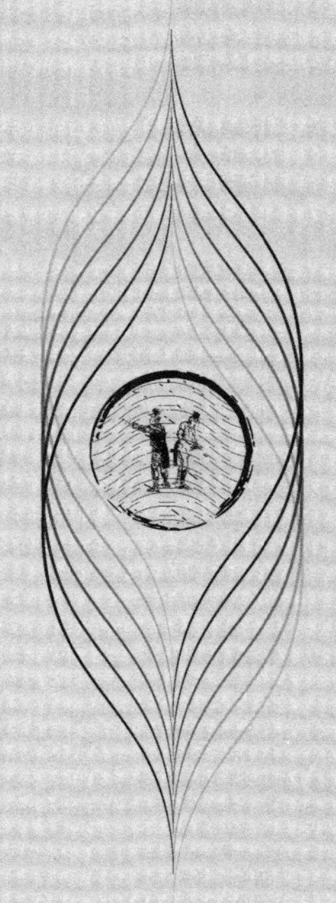

国家生产性：

萨伊的“财政黄金法则”成立吗？

2021年8月和11月，美国参议院、众议院分别通过了总额约1万亿美元的基础设施投资法案，为联邦公共工程以及道路、桥梁等交通基础设施，供水系统、电网等水电基础设施提供资金。比起美国总统拜登原来提出的2.25万亿美元的基建投资计划，这个法案的投资规模已大大缩水。在拜登总统推出这项计划前后，赞成者有之，反对者也大有人在。在反对意见中有一派认为，国家应站在市场之外，不该介入经济活动。

美国财政学家马斯格雷夫强调说，英美财政学传统是以下述“洛克模型”为自己的理论前提的：社会（包括市场在内）的基础是个人权利和自由交换，国家在社会之外，对社会给予一定的保护，并用税收形式从社会中获取部分个人财产以补偿成本。在这样的模型下，社会被认为处于（或者应该处于）绝对的主导地位，国家是必要的“恶”，也是非常规的手段；国家干预社会是偶然的，只在极个别场合或极少数时候才介入（斯密的说法是仅限于国防、司法与必要的公共设施）。

可见，反对拜登总统庞大基础设施投资计划的人，往往自觉或不自觉地遵循了洛克模型。在洛克模型中，国家被认为是一个消费主体而不具有生产性，因此最小国家是最好的国家，廉价政府是最优的政府。这样的思想，无论当时还是当代，都被学者们称为“自由放任主义”。身为法国经济学家却深受亚当·斯密影响的萨伊（1767—1832），据此陈述了一条“财政黄金法则”，那就是：最好的财政方案是支出最少，最好的税收是征税最少。

可是，与英国 19 世纪相当程度的自由放任主义经济实践相反，德国在 19 世纪的崛起却离不开国家在生产领域的积极作用。到了 20 世纪，哪怕是英美这样传统自由放任的国家，也积极地介入经济社会活动。特别是 1929 年大萧条爆发后，由国家出面运用财政政策与货币政策来维护经济稳定，更是成为社会的常识与政府的常规举措。总之，到了 20 世纪中叶，国家已经被认定并实际发挥着不可或缺的生产性作用，这样的国家也因此被称为“生产国家”。怎么看待这一现象呢？萨伊的“财政黄金法则”还成立吗？

落后国家实现赶超需要国家的生产性

在 19 世纪上半叶，英国已经完成了工业化和城市化，率先发展了起来。英国的学术界此时普遍信奉自由放任主义，倡导国家的不干预。可是跟英国不同，德意志诸邦此时却各自处于生存危机之中，不仅要担心周边国家的侵略，更要防范欧洲列强瓜分的企图。这些邦国急需实现经济社会的赶超，因此需要有一门指导国家积极行动的科学，自由放任主义显然并不合意。于是在与英国财政理论不断对话的基础上，19世纪德意志财政学发展出自己侧重于发挥支出功能、强调国家生产性的理论。

德国财政学强调国家生产性的理论，首先来自17—18世纪存在于很多邦国的官房学派。官房学者最初都是管理君主财产的专业人士，他们的工作任务并不是单纯核算收支，而是把重心放在积极经营官产，以此保证国家（君主）收入的持续增加。此处的官产，就是王室的财产和产业，不仅包括耕地、矿山、森林等自然资源，还有啤酒厂、玻璃厂、钢铁厂等国有企业。这些官房学者不可能像英国学者那样将国家理解为位于社会经济活动之外的单纯消费主体，而主张国家应承担起生产性角色，积极参与到社会经济活动中去。对国家角色的定位，他们的主张是：君主与臣民的利益在根本上是一致的，应该以富国强兵为目标，用积极干预的手段实现国家治理。从历史实践看，官房学派对国有资产的经营活动，推动了邦国制造业的快速发展，促进了邦国经济的繁荣。在此情形下，德意志邦国的财政具有明显的生产性特征。

不过，虽然有官房学派在17、18世纪的努力，可相对于英、法的国家发展进程而言（其中法国又落后于英国），到19

世纪德国仍处于发展比较迟缓的状态。与英法两国以经济社会转型带动国家发展的道路不同，德国 19 世纪的发展道路是以国家的力量进行自上而下的改造，从而迅速地完成了经济社会的重要转型。在这一赶超先发国家的过程中，财政在经济发展与国家治理中发挥了极为良好的作用。比如关税在德国国家统一和发展过程中发挥了特别的作用，关税同盟也成为德国走向统一的基础；在德国国家统一后，关税也比较有效地发挥了保护国内幼稚产业的作用。此外，德国在统一前后运用财政投资迅速完成重工业化，为缓和社会冲突建立以财政兜底的社会保障制度，这些都反映了财政在实现国家生产性方面的作用。

到了 19 世纪下半叶特别是 1871 年德国统一后，原来分立在各邦国的财政学家及其理论，开始向统一国家的财政学学派与理论发展。此时的德国财政学吸收了英国古典学派的财政思想，又融合了德意志传统的财政思想，在面临比过去更为复杂的国家建设问题时，进一步重视国家在解决经济和社会问题时的生产性和自上而下的改良活动。这一时期德国的财政学已成为一门独立的学科，因其体系的完整性与内容的丰富性而进入了黄金时代，涌现了以谢夫勒、斯坦因、瓦格纳为代表的一大批财政学家。

此时的财政思想，总体而言主要内容是从国家有机体学说出发主张国家或者说财政具有生产性，要求发挥财政收支工具的作用，积极干预社会经济的发展，坚决反对英国古典经济学家对国家或财政非生产性的主张。像斯坦因（1815—1890）就反复强调，财政支出和税收都具有生产性，税收可以形成社会发展的资本，而这种能力又来自国家用税收来促进公民税收潜力发展与国家经济力量增强的过程。而谢夫勒（1831—1904）主张，国家从事着提供物质资料和公共服务的经济活动，在国民经济中这样的活动起着促进费用节约和扩大资源利用等作用。瓦格纳（1835—1917）直接将国家界定为“生产性组织”，认为财政活动只是国家生产性活动的一个表现。在瓦格纳看来，国家的生产性活动与私人经济活动同样重要甚至更重要，国家的生产性就是“将物质商品转化为非物质商品”，即汲取资源来提供公共服务，“从经济学的意义看，国家的服务、国家自身以及财政经济具有极高的生产性”。他还认为，财政自身具有再生产力，这种能力可进一步形成新的税源和再生产的能力。

已发展国家也需要国家的生产性

到19世纪下半叶，作为率先发展起来的国家，英国也遭遇到种种经济和社会问题。对此，财政学家开始对原来的自由放任主义展开深刻的反思。在1892年，英国财政学家巴斯塔布尔指出，“古典学派认为，最廉价的物品是最好的，最廉价的国家也是最好的国家，这不是真实情况。对人民给与最大利益，而且为人民将来的发展作出最佳考虑的政府才是最好的政府、最廉价的政府”。

曾任英国财政大臣的道尔顿（1887—1962），在1922年出版的《财政学原理》一书中，明确反对古典学派认为国家是消费主体、把财政支出视为非生产性的结论。他说："任何支出的生产性或非生产性的测验，乃在视其支出后有无经济福利的生产性以为断。"他认为，判断财政支出生产性的标准应该是从社会整体出发，凡能增进社会经济福利的，就是生产性的；如果财政支出能促进生产力的改进、缓和收入分配不公、促进生产物分配的改进，那么这种支出就是正当的，是追求社会利益最大化的。因此，他赞成国家的生产性，认为最佳的财政制度乃在于通过它的作用，获得最大的社会利益。

财政支出具有生产性，或者说国家具有生产性，集中体现在庇古等人在20世纪20年代后提倡的"福利经济学"学科建设上。庇古在自己提倡的福利经济学中，提出了外部性的概念，并在此基础上区分出社会收益与私人收益、社会成本与私人成本。庇古要求，国家应该按下述原则，运用财政手段来促进社会净收益的最大化：在外部效益存在时，提供财政补贴扩大生产以实现社会净收益最大化；在外部成本存在时，运用税收手段限制生产以实现社会净收益最大化（或者使生产者的外部成本内部化）。这种以社会净收益最大化为目标的财政行为，实际上就是以社会福利最大化为目标的国家行为，从事这种行为的国家显然已不仅是消费主体，而且具有了生产性。

福利经济学后来有进一步发展，其主要的理论依据是市场缺陷理论。就是说，完全竞争市场在理论上是完美的，但现实并不满足完全竞争的条件或者完全竞争的某些结果不能接受，由此出现了市场缺陷。比如像垄断、公共产品、外部性、信息不对称（市场主体掌握的信息彼此不对等）、收入分配不公等问题，都是市场缺陷。国家可以通过税收—补贴、公共管制（包括公共定价）、公共生产等手段进行干预，以尽力消除市场缺陷，实现在微观层次上资源配置的效率。后来，马斯格雷夫还提出了优值品或劣值品的概念（即市场消费主体对商品的偏好可能不准确，消费者评价低于实际价值者即为优值品，消费者评价高于实际价值者即为劣值品），主张政府在此方面进行干预，比如在汽车安全带（优值品）和毒品（劣值品）等产品消费过程中出现的情况。现代财政学的规范理论就建立在福利经济学上述概念基础上，并依此提供国家干预的政策与财政支出的方案。

由欧陆学者发展并进入到英美财政学中的“公共产品”概念，更是为国家生产性奠定了理论基础。公共产品是在消费时具有非竞争性和非排斥性性质的产品，从效率来说，这类产品应该由政府免费提供给社会公众享用。在现实中，政府提供的公共服务大多数在性质上程度不同地接近非竞争性和非排斥性；国家提供公共服务，就被看作是在生产“公共产品”这样的东西。一旦使用了“公共产品”一词，那就意味着在理论上再也不能把国家视为纯粹的消费主体而应该认为它具有生产性。公共产品理论也因此在财政学中占据了核心理论的地位：财政支出是为了提供公共产品而供应经费，税收是人们为享受公共产品而支付的价格，国家为提供公共产品而存在。

凯恩斯革命为国家生产性在宏观上奠基

在宏观上论证国家干预经济的合理性、强调国家并非单纯消费主体理论，首先来自 1929—1933 年大萧条期间的经验与教训。在此期间，欧美国家纷纷实施了后来被统称为凯恩斯主义的经济政策，如国家投资兴办公共工程、政府削减税收或增加支出（进而形成赤字预算）、放松信贷，所有这些做法的目的都是扩大社会总需求、实现充分就业。在第二次世界大战期间，英美两国的情况都说明，国家可以用积极干预与事先规划的办法来实现宏观的生产性目标。

凯恩斯（1883—1946）有关国家干预宏观经济的思想，主要体现在他于 1936 出版的《就业、利息和货币通论》一书中。在这本书中，他否定传统的国家非生产性或者说自由放任的理论基础，不承认萨伊的黄金法则。在他看来，由于消费者边际消费倾向不断递减、私人投资的边际投资倾向也不断递减，同时人人具有流动性偏好（手中持有一定货币且不投入消费），因此有效需求总是不足的，而且这种不足是根本性的和长期性的。就是说，总需求并不足以吸收总供给，总需求可能长期地、大幅度地低于总供给，表现为现实中失业的扩大和经济增长率的下降。因此，他断定，资本主义经济存在着长期萧条的倾向，要实现充分就业，扩大国民收入，就必须由国家对经济实行干预，而干预的手段主要是财政方面的，如扩大财政支出（增加政府开支会对总收入产生影响且具有乘数效应）、降低税收，以刺激私人消费和增加投资需求等，如此可以实现总需求和总供给的均衡，达到充分就业状态下的经济增长。

凯恩斯的思想很快影响到汉森（1887—1975）、萨缪尔森（1915—2009）等学者，并因此兴起了从宏观上研究经济总体及主张国家干预的思潮。这些研究内容与过去侧重于微观的研究不同，被学者们称为宏观经济学。由于发生了这样的变化，凯恩斯及其追随者创造的理论，被认为是西方经济学发展进程中的又一次革命，即“凯恩斯革命”。需要交代的是，凯恩斯革命之所以发生并取得重要影响，美国学者功不可没。他们在二战后大力介绍和发展凯恩斯的思想，并在高校积极地予以传播。尤其其中补偿性财政政策更是得到广泛关注，它的意思就是逆经济周期而运用财政工具（即经济膨胀时增税节支、经济萧条时减税增支），这样可以通过调控总需求来平缓经济周期的波动，实现经济的稳定增长，并可用膨胀时期的财政盈余来弥补萧条时的财政赤字。

对生产国家的反思

直至20世纪70年代初，无论是在理论上还是在实践中，西方国家的生产性都在不断地增强。就是说，它们在保留私有财产制度的前提下，突破原先对税收国家职能的界定，由国家出面提供公共产品、干预经济运行，从而对私人财产的使用方式与收益分配进行一定程度的干预。当然，与传统社会主义国家接管所有的生产与分配活动相比，这仍是一种弱生产国家。

不过，对于生产国家的作用，从一开始经济理论就有不少争议，并在20世纪70年代形成了反思的高潮。在理论上，学者们分别或同时肯定市场机制的有效性、强调私有产权的重要性，并指出政府干预机制方面的失灵，为20世纪80年代生产国家一定程度的收缩奠定了理论基础。

就市场机制有效性来说，最为重要的论证恐怕来自以哈耶克（1899—1992）为代表的奥地利学派。在哈耶克看来，市场在本质上是每个人借以合作运用分散于千百万人手中不同的信息或知识的机制。由于知识的特性，人类没有能力加以集中地运用，只能由掌握相关知识的当事人以分散的方式，运用市场价格中所包含所有必要的信息来进行决策。哈耶克总结说，作为进化至今形成的市场制度，代表了人类智力水平的高峰；不是因为它增加了每个人的私有信息，而是因为它以一种有效的方式收集不同的分散信息，并进而产生秩序、提高生产力。他的结论是，“离开由竞争性市场形成的价格的指导，不可能对资源进行精心的合理分配”。与此同时，哈耶克还强调，市场秩序一定是以私有财产为基础的。只有承认个人有权支配自己的财产，他才有利用自己的知识参与市场合作的自由（因为产权明确才会有有效的交易）与动力（只有对利润的追逐才能激励人们参与市场合作）。

以米尔顿·弗里德曼（1912—2006）为代表的货币学派和以罗伯特·卢卡斯（1937—　）为代表的理性预期学派，也特别强调市场机制的有效性，质疑凯恩斯主义的经济干预主张。

弗里德曼强调，消费者的消费支出是由永久收入（消费者预期在一生中个人由于职业变化、家庭情况、财富状况所能得到的全部收入）而非各年度收入决定的，因此政府的需求管理措施，比如说减税措施可能会带来消费者可支配收入暂时增加，但是消费者不会扩大消费，总需求也因此不会像凯恩斯主义者想象的那样扩大。他发现，通货膨胀纯粹是一种货币现象，因此经济萧条大部分应归因于政府错误的货币政策。于是他提出了一个著名的“单一规则”，即用货币政策方案作为治国工具，保持美国货币供应总量每年增长3%～5%，然后取消所有其他的干预宏观经济运行货币与财政政策，这样市场就能自行有效运转、自我实现宏观稳定。理性预期学派则认为，个人在追求效用最大化过程中，可以理性地预期未来，经济人将充分利用一切可以利用的信息，并考虑到经济系统中的不确定性。理性预期的结果是有效的，虽然并不是每一个人都有同样预期，也不是每个人的预期都正确无误，但他们预期的误差平均是零。因此，政府合乎规则的宏观调控政策，能被社会公众以平均零误差地理性预期到；社会公众会采取相应的规避行为，政府的宏观调控措施不会产生效果。所以，他们反对政府通过财政、货币政策扩张来人为地刺激产量和就业的增加，崇尚市场的自由运行，要求政府保持政策的稳定性和连续性，反对实行愚民政策。

就私人产权的重要性来说，产权学派的兴起让经济学界改变了传统上仅仅将企业视为利润最大化的技术函数的假定（在此假定下产权性质与企业效率无关），而认可了私有产权制度对企业效率的重要性。在他们看来，企业是资源所有者通过专业化分工和合作以节省市场交易费用的一个组织，该组织要发挥作用，就必须解决衡量生产力的投入和报酬相匹配的问题，否则会形成偷懒和搭便车的行为。但是这种衡量问题是难以通过直接观察和计算来解决的，必须建立一种可监督的结构，让某些人专门从事监督其他要素所有者的工作绩效（精力、热情、工作态度、产出等），那么如何防止这些监督者偷懒？答案是通过监工的专业化、职业化，再加上享有剩余索取权。所谓剩余索取权，就是监督者可以获得扣除其他资源所有者获得的固定报酬（主要是工资）之后的剩余收入的权利；这样监督者越努力，生产就越有效率，监督者获得的剩余收入也就越多，也因此会越发有积极性去努力监督，如此形成良性循环。所以，企业效率来自将企业内部的产权安排为私人产权。公有产权安排下的企业（主要是政府为产权所有者的企业），难以保证实现企业效率。政府雇员，不可能像私人那样出于关心自己利益的目的来积极监督企业经营者；在没有私人利益最终刺激的前提下，政府也缺乏有效的机制来评价和激励自己的雇员去监督企业的行为。

在道格拉斯·诺斯（1920—2015）等经济史学者看来，有效率的经济组织是经济增长的关键，而一个有效率的经济组织在西欧的发展，正是西方兴起的原因所在。所谓有效率的组织，就是在安排和确立产权方面建立一套制度，为个人努力提供强有力的激励，让个人的经济努力所得到的私人收益率接近于社会收益率。能提供强有力激励的产权制度，只能是私人产权制度；没有私人产权，也就没有人会为社会利益而拿私人财产冒险。技术创新、规模经济、教育和资本积累，不是经济增长的原因，而是增长本身；除非现行的经济组织是有效率的，否则以上因素并不能促使经济增长简单地发生。从历史上看，英国议会控制了君主的征税权，有利于保障私有产权制度，提高了生产过程中的私人收益率，刺激了生产要素（人和资本）的流动和潜在生产力的发挥，从而获得了经济增长；而法国三级会议将征税权让给了君主，私人产权制度没有得到保护，君主制定的税收制度提高了地方性和地区性的垄断权，抑制了创新和要素的流动性，从而导致了生产性活动在法国的（相对）下降。可见，政府确立并保障私人财产权，是西方世界兴起的原因。

在生产国家的设定中，国家被赋予了积极的职能，而其前提是假定政府是追求社会福利最大化的行动者。不过，以詹姆斯·布坎南（1919—2013）为首的公共选择学派，对政府干预的目的表示深深怀疑。在他们看来，政府并不具备仁慈和正确的天赋，在政府内工作的人，与市场上受个人利益驱动的人，没有什么两样，既不会更正确，也不会更仁慈；政府的结构和运行规则是人创造的，并不一定比其他社会组织的规则和结构更加正确无误。因此，公共选择学派运用市场分析中的经济人假定来分析政府行为和政治现象，为反思生产国家奠定了理论基础。在他们看来，政治舞台就像经济学中的市场，个人在其中交换利益、看法，对不同的决策规则和集体制度作出反应，个人的自利行为也因此合成为政府的政治行为。大致上，在影响政府行为的几类主体中，选民尤其是特殊利益集团寻求有利于自己的公共项目和公共政策，政治家追求当选而利用公债扩大开支项目，公务员为了自身利益会扩大本部门规模和增加公共管制。最终的结果是，政府在规模上不断膨胀，在提供公共产品时趋于浪费、效率低下。

小结

经过德国国家赶超的实践及英美国家自身的突破，英国财政学传统中原来以单纯消费主体面貌出现的最小国家再也不存在了。国家与市场的责任、边界得到了重新的界定，生产国家得到了明确的、公开的承认。不过，到20世纪70年代之后，凯恩斯主义的影响日渐衰落，在市场机制有效性、私人产权重要性、政府干预机制的失灵性等方面，学者们对生产国家进行了反思，甚至萨伊的财政黄金法则再次得到部分学者的信奉。这样的反思，也让西方在20世纪80年代确实出现了生产国家一定程度的收缩。不过，国家生产性的思想再也不可能消失，生产国家的实质也未改变，运用财政收支手段干预经济运行、提供公共产品，仍是国家必须承担的职责。

经济理论在此领域的论证，充其量是从生产国家的必要性入手的，而未能在正当性方面给予充分论证。就是说，如果国家要具有生产性，财政收入就必须扩大，在此基础上才能运用财政工具去干预生产过程；而要实现这一点，在理论上就必须论证国家用税收手段取走更多的私人财产并用来干预私人财产权是正当的。这里就涉及本书下一篇要说到的“财产正义”问题。

财产正义：

密尔感到的两难是否成立？

在今天的西方世界，一个常为人引用的数据是，10%的人口大致拥有80%的财富。对此现象，有人感到愤愤不平，也有人觉得正当合理。实际上，19世纪的英国思想家约翰·密尔就曾经讨论过贫富分化问题，并表达过一种两难：一方面，他认为只有私有制及贫富差距，才能对经济主体有激励作用，进而形成真正有利于生产力发展的制度，为此他支持私有财产制度；另一方面，他又认为，消灭财产私有制可能有道德上的理由，也是正义的，并且可能与人的自由并行不悖，为此理由他又不支持私有财产制度。

密尔的这种两难，部分地反映了西方世界在19世纪出现的一个矛盾现象：一方面，私人财产权的政治和法律地位达到了前所未有的高度，而且随着大量新生的工商业资本集中到个人手中，私有制在西方达到了实践的顶峰；另一方面，民众对于私有财产此时却变得越来越敌视，学术界对私人财产权在道义上的谴责和理论上的批评也达到前所未有的高潮，有越来越多的人要求国家对财产进行管制，众多社会主义者甚至强烈主张废除私人财产制度。

如果说 20 世纪经济理论的发展与实践的深入，已经在相当程度上说明了密尔所说的第一个方面，即私人财产权以及基于私人财产权的市场经济确实重要的话，那么密尔说的另一个方面，即私人财产（权）是正义吗？正义或不正义能否得到证明？如果财产真的具有正义性甚至神圣性的话，那密尔的两难就不再成立；可如果财产没有什么正义性更没有什么神圣性的话，那么密尔的两难到今天依然成立。特别地，从本书上一篇我们知道，作为生产国家，国家要发挥生产性就必须扩大征税权，这就必然要更多地剥夺私人财产或限制私人财产的使用，而征税权要扩大，其正当性依赖于对财产正义的回答。

财产正义观念的交锋史

国家扩大征税权以取走更多私人财产的正当性，涉及理论界长久以来有关财产正义问题的争论。一种观念认为，财产私有制是正义的，私人财产权具有神圣性，甚至是唯一正当的所有制形式；国家活动的范围只能是个人财产权许可的界限内（即只能保护生命、自由和财产的安全），这样的国家实际上是不承担生产和福利职能的最小国家。另一种与此针锋相对的观念认为，财产应该属于一切人或者一个代表一切人的集体人格，公共所有权才是在先的，甚至是神圣的；私人财产权并不具有天然的合法性，它最多只是源自所有人（或一个集体人格）同意的一项制度安排，并没有什么神圣性，甚至有人认为它是一切罪恶的渊源。这样两种有关财产正义的不同看法，在思想史上一直存在、彼此不断地交锋。介于二者之间的观点认为，资源或财产所有权的适当结构应当是个人（私人）所有权和公共（国家或社会）所有权的某种混合。

对于私人财产权，美国学者理查德·派普斯曾经从多个学科的视角，分别总结了上述两种针锋相对的看法。

（1）从政治学角度看：赞成私人财产权的观点认为，财产有利于稳定，并可用来约束政府的权力，除非用极为不公平的方式进行分配；反对的意见则认为，不平等必然伴随财产而来，并将导致政治动荡的局面。

（2）从道德的观念来看：赞成私人财产权者认为，财产是合法的，因为每个人都有权获得劳动的成果；反对者则指出，许多财产所有者拥有的财产是不劳而获的，而且若赞成财产权，那也应该先创造机会让每个人都能平等地获得财产。

（3）从经济学的解释看：认为财产合理的理论认为，财产是创造新财富最有效率的手段，正如前述密尔的说明；而反对的观点则认为，受个人私利所驱使的经济活动将会导致不经济的竞争，甚至带来经济周期性不稳定。

（4）从心理学的角度看：为财产辩护的人认为，财产会增强个人的自我归属感和自尊心；而反对意见则宣称，财产使人贪婪，从而败坏人格。

洛克从权利角度对财产权的论证

对私人财产及其权利的反思，西方世界自古以来就有。直到 17 世纪下半叶，洛克提出了比较完整的有关财产权正当性的论证。后世有关财产正义的观点，大多围绕着洛克的理论而展开。

洛克说，在没有国家的自然状态中，土地是归所有的人共有共用的。不过，若有人对某块土地添加了劳动（在土地上耕作并获取劳动成果），那这种添加创造性劳动的行动，就确立了劳动者对这块土地的财产权。洛克说，“我的劳动使它们脱离原来所处的共同状态，确定了我对于它们的财产权”。因此，财产权合法性的关键是劳动者积极地经营财产（土地）。

不过，洛克基于劳动而论证财产权的正当性始终有两个前提。

第一，原始状态中共有共用的财产（土地及土地上的一切资源）之所以转归私有，是因为这样做更有用或者更有效率。他说，“这些既是给人类使用的，那就必然要通过某种拨归私用的方式，然后才能对于某一个人有用处或者有好处”，“劳动的财产权应该能够胜过土地的公有状态”。不过，洛克强调了一个限度原则，即转归私有的土地不要太多以至于造成浪费，而要给他人留下足够的东西。

第二，人对自己的人身享有所有权，“每人对他自己的人身享有一种所有权……他的身体所从事的劳动和他的双手所进行的工作，是正当地属于他的”，“既然劳动是劳动者的无可争议的所有物，那么对于这一有所增益的东西，除他以外就没有人能够享有权利，事情就是如此”。

用今天的眼光看，洛克的劳动财产权理论显然具有时代的特征，因为直到洛克的时代，西欧地区很多农奴才获得人身权利，人对自己的劳动具有无可争议的权利这一原则事实上确立未久（甚至在那时的西方不少国家仍未确立）。不过，洛克又补充说，人们可以通过仆人的劳动取得财产，这一补充引起了后世学者无尽的争议。

大体而言，洛克对财产权提供了一种精彩的论证，在相当程度上他证明财产权是民众的权利而非来自国家的恩惠，也因此成为现代国家的思想基础之一。加拿大学者麦克弗森认为，洛克的理论“为资产阶级据有财产提供了道德基础”，“洛克的立宪主义实质上是在捍卫财产权的至上地位”。不过，洛克的“劳动确立财产权”理论，在后世激起了无数的讨论。支持者和反对者都在他的理论基础上加以发展，以支持或反对 17—19 世纪在现实中逐渐巩固的私人财产权制度。

对洛克理论的赞同

先来看看支持洛克理论者的意见。

首先，很显然以斯密为代表的古典政治经济学者，继承了洛克关于劳动确立财产权的理论，并在此基础上发展出劳动价值论。在相当程度上，斯密正是依据这一理论，才在《国富论》一书中回答财富是什么、财富的来源是什么这些问题，并得出如下结论：商品的价值由人的劳动创造，财富和私有财产也来自人的创造。一定程度上可以这么说，正是在古典政治经济学的基础上，私有财产制度才于 19 世纪上半叶在实践中日益巩固起来。马克思曾经从哲学的角度，高度肯定斯密理论的历史意义。在他看来，斯密将价值归为人的劳动创造，从内部将劳动理解为财富的主体本质，这样私有财产就体现在人本身中，或者说人本身被认为是私有财产的本质。

其次，洛克以劳动确认财产权的思想被法国思想家全面继承，并体现在法国大革命中。正如 1789 年 7 月西哀耶斯（1748—1836）就法国革命发表的“宣言草案”说：“某人的人身所有权是他的首要权利。从这一原始权利，可以导出某人的行动和劳动所有权；因为劳动完全是某人能力的建设性运用；它显然源于某人的人身所有权和行动所有权。外部物体或真实财产的所有权，同样可以说是人身财产扩展的结果。”西哀耶斯的看法体现在法国大革命时期的纲领性文件《人和公民的权利宣言》中，就是第 17 条宣称的“私人财产神圣不可侵犯”。在后世，将财产权视为神圣自然权利的看法，大多是从洛克出发并经法国大革命略显夸张的语言确立起来的。

最后，黑格尔从哲学上对洛克的理论加以更进一步地阐释，甚至有学者称黑格尔为“洛克独一无二的继承人”。黑格尔认为，劳动之所以能够确立财产权，不仅是因为洛克说的人对自身的拥有，而且是因为人要把自己的内在的、抽象的自由意志具体地表现于外部，劳动正是人将自己的自由意志外化（客观化）到具体的自然物体的过程。因此，财产是人的意志自由的外在表现。财产之所以合理，不在于它能满足需要（即具有功用），而在于它以客观物体的形式帮助人扬弃了人格的纯粹主观性（使人的意志自由表现于外部客观物体中）；财产权之所以正当，不是因为有人对物先占，而是因为它体现了对人自身意志力量的确认。财产权是使人们相互尊重彼此意志自由的制度，它体现的是意志对意志的关系或者说人与人之间的关系。承认财产权，关键不是人经营土地的身体行为，更不是此前对土地的先占，而在于社会对作为行动者的人的承认以及社会所应用的规则。

对洛克理论的修正与限制

当然，也有不少学者赞成洛克理论论证的逻辑，但是从洛克自己强调的一些条件出发对他理论的运用进行修正或限制。在这方面，大致上有以下三种情况。

（1）从洛克因功用的理由而支持土地私有的角度出发，强调某些资源若转归私有，在效用上会更低。因此，他们主张应该把这部分资源保留在共有的状态而不转归私人所有。比如在现代世界，许多国家将自然风景所在地保留为全民共有而不转归私有，由国家出面管理这些风景区（在法律上实行国有产权制度），供民众免费使用或者仅收取部分维持费用。

（2）支持洛克的劳动创造财产权原则，但对他补充的仆人劳动形成的财产归雇佣者所有表示怀疑或反对。有些学者提出了更激进的看法，那就是一个人只能占有自己为之付出劳动的物品。正是出于这一逻辑，在19世纪风起云涌的工人运动中，工人阶级强调资本家无权占有工人劳动的成果，工人劳动的一切成果都应归工人所有而非资本家。与此类似的一种逻辑是，强调财产的形成不仅有个人的劳动还有社会的作用，因此财产并非完全归属于个人，社会有权利分享一部分。英国思想家霍布豪斯（1864—1929）正是这样为税收的合法性提出证明的，即个人获得的财产中有一部分属于社会的功劳，国家可以因此用税收的手段取走这一部分。

（3）从洛克所说的限度原则出发要求限制私人财产权。在18世纪晚期和19世纪早期，英国许多激进分子运用洛克的理论来说明，穷人有权使用那些被少数私人超限度占有的大地产或巨额财富。直至今日，社会情感上对于少数人占有巨额财富的不满，立法上对于巨额财富的占有与使用进行一定限制，或者国家运用税收手段（如遗产税）调节财富占有状况，相当程度上都是在自觉地或不自觉地运用洛克的这一原则。当然，由于现代经济与社会已广泛地使用货币，洛克基于防止变质这一客观理由而给出的限度原则已不能成立，因此对于怎么才算是超出限度，在相当程度上取决于多数民众的主观感觉。

对洛克理论的反对

也有不少学者强调，洛克并未能证明劳动与财产权之间的联系，因此对他的理论表示反对。这是因为，什么是劳动以及到底添加多少劳动，才能宣称原来共有的资源可以转为私人财产，并无确切的结论。比如休谟就强调，不能仅仅因为我们在草地上放过牛羊就说我们掺进了劳动并因此拥有了那片草地。在他看来，事实上，劳动不能被加于任何东西之上。因此，不是什么劳动确立财产权，而是通过社会全体成员缔结的协议才确立了人们已占有的外在之物，财产至此时才确立，并因这种稳定的所有物关系而促进了人们心灵中的正义和非正义观念的萌生。所以，休谟断言，被社会法律、被正义法则确认为可以长久占有的财产，是因人类的利益需要而经由协议确立的。人们之所以尊重财产权，不是因为什么自然的权利，而是因为它的功用，即它能满足人的自利之心，能在促进公共福利的同时增进个体的幸福。可见，休谟并不反对私人财产权，只是不赞成洛克的论证。

卢梭在《论人类不平等的起源和基础》中表达的观点，显然也反对洛克的说法。他强调说，在劳动之前若没有同意，则劳动不能确定财产权，“他们尽管说：‘这堵墙是我修建的，这块土地是凭我劳动得来的。’人们可以反问：‘请问，你占有的界限是谁指定的呢？我们并没有强使你劳动，你凭什么要我们来负担你劳动的报酬呢？’”因此，在卢梭看来，以劳动确立财产权并不具备正当性，财产权只是一种篡夺，无论有产者如何描绘他们的篡夺，篡夺依然不过是篡夺。卢梭本人虽然不反对私有财产，但他的说法却成为后世无数反对、攻击私有财产与不平等的理论渊源。

在后世很多学者看来，洛克关于劳动确立财产权的理论所表达的，实际上是一种关于宗教信仰的哲学，它并未能充分解释私有财产的合理性。洛克自己在不同的场合也曾含糊地说过，劳动和财产之间的联系是上苍的安排或者说是自然法的规定，或者是两者兼而有之。换言之，在一定程度上，洛克将论证劳动与财产关系的任务推给了信仰。

今天建立在主观价值论基础上的经济学理论，虽然赞成私人财产权，但其理论内容对洛克的劳动确立财产权构成了另外一种反对意见。这是因为，在市场经济中，一个人所创造的物品的价值，是由市场中其他人的主观需求（即主观效用）决定的，而不是由个人劳动决定的。这样的话，劳动不能创造价值，如何能够确定财产权?

洛克财产权理论的现代运用

从今天来看，我们该如何看待洛克“劳动确立财产权”理论以及如何评价财产正义呢?我觉得至少要关注以下三个方面的内容。

第一，在洛克所处的那个农业时代，对于土地或自然资源这样的财产转归私有的合法性，洛克的理论事实上是无法真正地加以运用的，或者说土地财产的正义性并不能得到证明。正如洛克自己强调的，大地并非由人创造，因此劳动并不能成为论证地产私有制正当性的充分起点。最多只能说，在大地上种植的庄稼和建造的房屋与人类劳动之间有密切关系，而不能说土地是人的劳动创造的。但在今天，工业产品特别是智慧产品的产生与劳动之间的关系就非常密切了，由人的劳动来确立财产权的合理性至少比农业时代强得多。对于这一点，马克思也予以特别的强调，“真正的私有制只是随着动产的出现才开始的”，虽然“地产是私有财产的第一个形式”。即便如此，工业时代劳动与财产之间的关系仍然是极为复杂的，资本家、企业家、地主、工人，似乎都在工业品的生产过程中发挥了作用，那么是不是说他们都向财富生产过程中掺进了劳动？资本家当然会强调工业财富应该归他所有，理由是劳动受资本的雇佣；而在社会主义理论看来，工人才是创造价值的唯一劳动者，所以应该拥有一切工业财富。由此可见，资本家与工人借助于同样的洛克的劳动理论，但得到的却是正相反的结论。

第二，洛克理论的实质并非反对公共所有权，在当时它反对的是国王（或上位者）对民众权利的任意侵犯。对洛克来说，保护私人财产权的重点是防备上位者的肆意侵夺，而不是防备无财产的穷人侵犯财产权。在洛克的理论中，通过人的劳动转归私有的共有资源，在数量上只是一部分而非全部，而且这一转化行为还受到效率原则、限度原则等一系列条件的约束。至于在一个特定的国家，公共所有权与私人所有权到底各占多少比例或采取什么样的制度形式，应由社会成员的同意决定，由法律予以明确的表达，并借助于集体的力量来保障。一旦一个社会通过法律来规定什么是公共的、什么私人的，那立法机构就不能去侵犯法律确定的那些私人财产权。

第三，洛克虽然肯定私人财产权，但并未将其彻底神圣化，实际上他为慈善留下了余地，也为福利国家留下了很大的余地。洛克强调，慈善是一项自然义务，它基于财产权的性质而来，因为财产权形成时受到的限制是要给他人留下足够的东西。因此，人并没有资格独享他的全部劳动产品，必须为某种公共必需留出充足之物。当然，每个人该为公共必需留下多少，这取决于社会契约及其立法安排。

小结

本篇对西方财产正义理论进行了简单的回顾，以便理解当今西方的财富分化现象以及密尔所表达出来的有关财产的两难问题。在理论上，进入现代国家之后有关财产正义问题的争论，大多围绕着洛克的劳动创造财产权理论进行，学者们就此表达赞成、修正或反对意见。就财产是否正义而言，大体的结论是，我们可能无法证明私人财产权的神圣性，但它在现代国家仍然极为重要。这是因为，私人财产权有助于满足个人的心理需要，承认了人的自由意志，还可以激励经济主体为从事经济活动而承担风险。

所以，私人财产权应该得到保护，私人生产应该是主导性生产方式。只不过经由立法机关的行动，国家可以对私人财产权进行一定的调整，以便为国家干预经济、保障社会提供税收资金。换言之，生产国家以及本书从下一篇开始讨论的福利国家应当存在，但确实应该有限度。这是对密尔感到两难的问题的回答。

福利国家

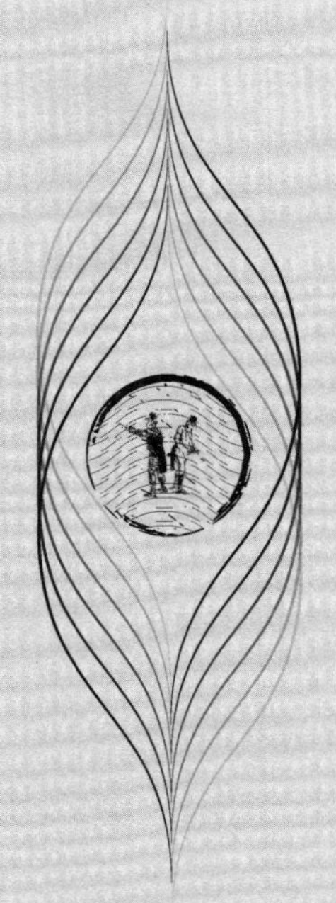

济贫支出：

为什么说拯救穷人是政府的责任而非恩惠？

19 世纪两度出任过英国首相的保守党领袖迪斯雷利曾经说，在当时存在着“两个英国”，穷人的英国和富人的英国，“它们之间没有往来，没有同感；它们好像不同地带的居住者即不同行星上的居民，不了解彼此的习惯、思想和感情；它们在不同的繁育情况下形成，吃不同的食物，按不同的生活方式生活，受不同的法律支配”。自那时起直至今日，下面的话得到人们的公认，“穷人的状况是检验一个文明、一个民族或者一种哲学的试金石”。那么，该如何去拯救深陷贫困陷阱中的那些穷人呢？

应该说，拯救穷人或者说济贫，一直以来都是国家的财政职能之一。不过，在传统财政支出中，济贫活动地位不高，投入的资金也非常少。比如伊丽莎白一世时期颁布的《济贫法》（1601）将贫困者分为三类：第一类是无工作能力的老、病、弱、残障者，他们可以住在自己的家里接受救济；第二类是贫困儿童，特别是孤儿，他们由治安法官安排，指定到合适的家庭寄养，达到一定年龄时再送去当学徒；第三类是有劳动能力的成年人，对这一类人不予救助，而强制其做工或者直接送到教养院或监狱。这样的济贫方式，在相当程度上认定贫穷源于人的本性或素质，对穷人实施羞辱式的鉴别与强制性的劳动要求。不过，到了现代国家，情况就不同了，像黑格尔说的，“怎样解决贫困，是推动现代社会并使它感到苦恼的一个重要问题”。表现在财政上，那就是从 19 世纪下半叶开始，济贫支出慢慢重要起来，而且不再局限于对需要救济的穷人单纯给予钱物的帮助，以消除贫困的后果，而是通过税收资金、财政兜底或政府监管等方式，发展出一整套福利国家制度来消灭导致贫穷的根源：针对穷困无助者或境况较差者（如无助儿童、残疾人、体弱者及不愿工作者）建立社会救济制度；针对呈概率发生的年老、疾病、工伤、失业等风险建立社会保险制度；针对人力资本培养采用儿童抚育、公共教育、公共卫生、公共住房等措施的社会投资制度等。

这样的转变是如何形成的？它跟思想史上的一场巨大转折分不开。那就是，在中世纪的西方，济贫被认为是统治者的美德而不是责任，是给予穷人的恩惠而非他们应得的权利；可到了 19 世纪晚期，以英国为代表的西方世界在思想上日益认为，救济穷人不是恩惠或慈善美德，而是基于公民资格的权利，因而也是国家必须承担的责任。如此转变的产生，又跟思想界对穷人本性的态度和对国家本质的看法的变化有关。

对穷人本性的态度变化

济贫从统治者的慈善行为变为国家必担的责任，救济穷人从作为君主的恩惠变为穷人自身的权利，这样的变化之所以会发生，首先因为有一个重要的社会心理转换，那就是对穷人态度的变化：贫穷不再被认为源于个人秉性恶劣、不负责任或者源自上帝对坏人的惩罚，而是因为不利的社会环境或社会失调。变化后的社会心理是，贫穷不是穷人的错，而是社会的果实，政府必须承担起应尽的责任。

美国学者希默尔法布认为，在英国突破歧视穷人心理的关键点在于亚当·斯密，他在贫困方面的观点以及在如何对待穷人方面的理论，可以称得上是革命性的。在《国富论》中，斯密描述了穷人的尊严，指出贫穷并非源于人的本性或素质问题。在他看来，穷人处于社会最底层，不是天生的或者出自上帝的安排，也不是因为天性邪恶和懒惰，所以穷人理应得到某种帮助。换言之，此时有一种新的信念诞生了，那就是穷人有权得到帮助以摆脱贫困，没有人应该贫穷，也没有人需要贫穷。

如果说穷人不应该也不需要贫穷这一说法成立的话，那么解救穷人的责任在谁呢？斯密的回答是，国家应该采取措施确保参加劳动的穷人得到教育，以培养道德和政治判断力。因此，济贫并不是出于对有罪的下层阶级的同情，而是由国家出面运用公共资金来消除贫穷的根源。黑格尔从另外一个角度论述了由国家出面展开济贫的必要性，那就是现代市场经济造成的累积性贫困根本不是个人能克服的，“当广大群众的生活降到一定水平之下，从而丧失了自食其力的这种正义、正直和自尊的感情时，就会产生贱民，而贱民之产生同时使不平均的财富更容易集中在少数人手中”。基于此，黑格尔认为，国家的济贫行为就是要防止出现贱民，要用国家整体的力量保障每一个个体，以恢复他们的尊严与品德。

由国家来解决贫穷问题，还与 18 世纪前后对人性认识的变化有关。就是说，此时越来越多的人认为，没有确定不变的所谓人的本性，人的性质是由社会环境造就的；如果说有人懒惰或邪恶，那是因为环境让他们变得如此。这样的思想曾在法国大革命期间被广泛地宣扬，之后也有许多人赞成。于是，如下主张就成为必然的：由国家出面，通过制度的变革来改变人的行为，从而消灭社会的丑恶。甚至有人认为，国家能解决所有的社会问题。

1889 年查尔斯·布斯在《伦敦人的生活与劳动》一书中指出，伦敦有 30%的人生活在贫困线以下。在他看来，大部分劳动者无论是否勤劳，在其一生的不同阶段都可能遭遇到贫困的风险，尤其是幼年时期和老年时期。所以造成贫困的根本原因并不是个人的行为，而是社会经济结构本身的问题。如果由国家出面，通过重新分配财富，提供外部条件或环境，让每个人都得到保护、免于极端贫穷，甚至让每个人都得到教育、健康、工作，从而消除导致贫困的那些原因（如无知、疾病、失业等），那么人就会开发自己的潜力，成为更好的人并真正地实现自由。一旦这样的想法提出，福利国家就成为道德的必需、国家的责任、个人的应得了。

在功利主义思想支持下国家开始提供福利

由国家出面为穷人提供福利，在 19 世纪还受到了功利主义思想的支持。在那时，经济自由主义成为古典自由主义的核心，而看起来具有经验基础的功利主义成为经济自由主义的方法论基础。在一开始（19 世纪上半叶），基于边沁理论而形成的功利主义，是在为国家不干预提供辩护。不过从理论上看，边沁（1748—1832）等人虽然赞成的是那种不干预经济和社会的最小国家，但他们的功利主义在思想上同样能够为国家提供福利进行辩护，只要能够证明，国家提供福利可以促进最大多数人的最大幸福。在边沁的著作中，本来就有赞成济贫法的说法；而功利主义思想对货币收入呈边际效用递减的设定，也可以用来支持收入再分配政策：只要把富人效用评价低的那部分货币收入，转给效用评价高的穷人，就可以增加社会净效用。

作为边沁理论的继承者，约翰·密尔全面接受了边沁的功利主义，但提出要进行适当的修正。他认为，边沁提出的功利主义，只单纯强调功利的“量”，显得比较粗陋和浅薄。密尔强调，快乐不仅有量的差别，而且有质的不同。理性的和道德的快乐，要比仅仅是感官的和肉体的快乐高尚得多。快乐和幸福在质上的差异，是不可以用量来平衡或弥补的。因此，功利主义提倡的应该是，尽量追求质和量两方面的快乐生活。政府的存在，不是为了最大限度地实现公民偶然偏爱的那种快乐的量，而是应该有责任教育公民追求高尚的快乐而不是低级的快乐。个人的快乐和幸福应以他人的快乐和幸福为前提，人们在追求自己快乐的同时，应当顾及一切社会成员的利益。好政府要关心人民的美德和智慧被促进的程度，政府要去造就更好的人民，使用的手段是教育和促进人民达到最高的品质。密尔指出，只有在政府和社会的帮助下，个人才可能发展和理解自己的才智，并自由地追求自身的利益。这样人们才能在一个文明的社会中，最大限度地实现他们的幸福。

可见，密尔在这里代表了福利思想的一个重要过渡：一方面他承认最终的唯一价值是个人的幸福，个人的利益是政府行动的前提，国家对个人自由应尽可能地不干预；另一方面，他开始以最大限度地实现个人的真正幸福为理由，纠正自由放任主义，强调政府对公民有道德责任，提倡政府的教化功能以及为公民的“真正利益”而实现干预，要求政府为个人的自我发展提供条件。这样，政府就可以从公民的“真正利益”出发干预经济和社会运行，并建立起适当的制度提供福利，以便实现最大多数人的最大幸福。

对国家本质的新看法

英国之所以从古典自由主义（即自由放任主义）转向赞成国家干预的新自由主义，强调国家有责任为穷人提供福利，经济思想方面的变化固然重要，但政治思想的变化尤为关键，而政治思想变化的标志人物是托马斯·格林（1836—1882）而非他人。

古典自由主义之所以反对国家干预经济和社会，在相当程度上是因为它主张国家是必要的“恶”。即使通过斯密等人的论述解决了穷人的尊严问题、通过功利主义的论述说明了国家干预可能有益，但并没有消解古典自由主义所设定的国家“恶”的本性。密尔强调，快乐有“质”的一面，并在一定程度上将判断与实现“质”的快乐这一任务交给了国家。可是，只有在思想上先认定国家本质上是“善”的，它才有资格去判断并实现“质”的快乐，如此国家出面拯救穷人、提供福利等行为才具有正当性。

在英国，完成了这一思想转型任务的是格林。格林思想的诞生，也契合了英国在19世纪晚期的时代问题，即必须解决日益发展的资本主义生产方式带来的严重社会问题，避免由经济危机引发社会危机。在吸收了黑格尔就国家的伦理功能和人的社会性所发表的看法后，格林对国家和个人自由的关系提出了新的解释，以此为基础发展他的新自由主义理论。

格林认为，人是一种道德存在物，人最大的自我满足就是道德上的满足，即在追求道德发展的过程中让生活达到至善，这是人的心灵的完善。可是人不能在孤独状态中达到自我完善，他必须在社会共同体中与其他公民同胞互动才能达到。个人充分地参与社会生活，对格林来说这是在道德上自我发展的最高形式，而创造这种参与可能性是自由社会的目的。格林说，外部环境必须提供人的道德发展所需的各种条件，赤贫无依很可能引发的是道德败坏；而外部条件的最好提供者就是国家，因此国家必须积极地发挥应有的作用，去干预经济和社会生活。因此，政治在本质上乃是一种善的力量，国家是为了提升共同善而存在的，其目的就是为了创建使道德发展成为可能的各种社会条件。

由此，格林为国家干预经济和社会、供给福利提供了理论的支持。格林相信，国家应该培养和保护社会的、政治的、经济的环境，以使身处其中的个人能有最好的机会按自己的良心行动。在格林看来，没有国家，个人权利等于虚无。既然国家中每个成员因国家的承认和保护获得了权利，那么国家中的每一成员对国家都负有必须承担的义务或责任。国家和个人统一于道德，双方都承担责任。

用福利国家制度建设来拯救穷人

格林及其追随者倡导一种不同于古典自由主义的新自由主义，其关键点是强调：如果国家保持不干预立场或者说仅仅局限于维持秩序、保护契约，那还不是真正的自由主义；真正的自由主义一定需要国家出面确保共同善、提供人类自由的最可能条件。特别是对穷人来说，真正的自由主义不仅是要提供救济，更重要的是要通过税收和支出手段来干预契约与私人产权，重新分配生活机会，不让贫乏的住房、恶劣的健康、不足的教育和低下的收入束缚他们，以至于让他们不能获得可靠的途径去享受机会均等。

到了20世纪初，英国的政治气氛跟19世纪初已有相当大的不同。除了上述新自由主义的影响外，还有一大批主张社会改革的学者对英国现实状况展开了调查，并广泛揭露社会问题。比如他们的调查发现，英国虽然日益富裕并已成为日不落帝国，但经济繁荣未给劳动阶级带来好处，人民仍陷于贫困之中。在19世纪90年代，平均国民收入要比19世纪50年代高1倍，但即使在伦敦，仍有30%的人口处在贫困线之下，他们稠密地聚集在环境恶劣的贫民窟，与其他人的富裕形成强烈的对比。在第一次世界大战期间，英国政府给250万人体检的结果显示，只有三分之一人口符合服兵役的条件。诸如此类的事实冲击着社会，并日益形成一种强烈的共识，即在国家财富不断增长的前提下，现实中还存在如此悲惨的状况实在是一种耻辱。

此时通过建设福利国家制度来改善穷人的状况，已成为社会的共识。自由党在1906年后主持的一系列社会福利项目建设，正是在这样的共识主导下进行的。这样的社会共识与福利国家建设，甚至影响到当时的英国自治领澳大利亚与新西兰。在那里，格林及其追随者的著作被广泛阅读，福利项目的改革力度甚至一度超过了英国本土。

在英国福利国家的形成过程中，还有一个标志性的环节就是贝弗里奇报告的发表。新自由主义的忠实支持者贝弗里奇（1879—1963），为了创建社会福利制度而于1942年提交《贝弗里奇报告》，敦促建立福利国家，为民众提供全面的“从摇篮到坟墓的保障”，以便与“匮乏、疾病、无知、肮脏和懒散”等五大导致贫困的恶魔作斗争。《贝弗里奇报告》的精神，是基于传统的济贫做法，先设立全国的最低生活线（由税收供给，无须个人缴费），然后在这个基础上附加私人保险（需要个人缴费）和特定社会救助，并专门为儿童提供补贴，最后再以一种国家统一供给的医疗服务体系来保证所有公民对于医疗的需求。贝弗里奇提倡的福利国家，在内容上远远超越了传统基于恩惠原则的济贫做法。工党 1945 年上台执政后，按照《贝弗里奇报告》全面建设福利国家，最终为英国建成了一个根据公民资格提供福利的普遍福利模式（对所有人开放，用税收和保险的资金来维持），并由中央政府（而非地方政府或慈善团体）承担福利的提供。这种对穷人的救助，不再是恩惠而是国家必然担负的责任；由国家出面帮助困难的人或者防止普通公民陷入困境，成为民众的普遍权利。

在英国福利国家的建设过程中，马歇尔（1893—1981）关于社会政策和公民权的论著，也发挥了深刻的影响。在 1950 年出版的《公民身份与社会阶级》中，马歇尔认为应该从人权的角度看待社会福利，将其视为人“应得”的基本权利。他认为，在 18、19 世纪发展起来一般公民权利（主要是人身权利）和政治公民权利（主要指普选权）的基础上，20 世纪公民权利的重大发展就是诞生了包括医疗保障、教育、一定收入水平在内的社会权利。这样的社会权利是要确保每一个公民享有广泛的社会地位和机会平等，它不再满足于仅仅消除社会底层的匮乏或贫困（即济贫），而想要改变整个社会不平等产生的方式，从而最终实现社会的平等。马歇尔的这一看法，实际上是对 18 世纪末潘恩（1737—1809）主张的现代回应，后者在当时就呼吁给予穷人帮助，并声称："我所呼吁的不是仁慈，而是权利，不是慷慨，而是正义。"

这样，英国的福利国家建设就有了两个目标：一个是最低目标，即《贝弗里奇报告》中确立的由"最低普遍性标准"决定的福利水平，针对贫穷的后果，让穷人不至于衣食无着；另一个是最高目标，即马歇尔所谓的由公民权利或平等目标决定的福利水平，针对贫穷的根源，让所有的国民都获得一定水平的教育、医疗、养老、住房等方面的保障。前者在相当程度上是基于匮乏而由国家提供服务，而后者在相当程度上是基于需要而由国家提供服务。大体上，在英国，保守党着力要维持前者，而工党则不断试图推动实现后者，现实的制度安排与政策选择在二者之间变动。

小结

怎么拯救穷人以避免一个国家分裂为穷人与富人两个截然不同的群体？怎么认识迄今为止西方为帮助穷人而构建起来福利国家制度以及在财政中安排大量济贫支出？本篇以英国为例，追溯了济贫支出从作为国家的恩惠到民众的权利在思想上的变化过程，其重点是用福利国家制度建设消除贫穷的根源。大体来说，认为贫穷是社会的原因而非穷人本性、国家具有善的本质、穷人得到福利应被视为基本的应得权利等，是这一思想发展过程中的关键。

在刚刚跨入现代国家门槛的当今中国，有为数不少的学者主张中国不能成为福利国家。这些学者在相当程度上仍认为贫穷源自穷人自身的原因（品性不好、不够努力等）而非社会的果实，并可能持有国家是“必要的恶”等观点，由此反对国家出面提供福利。从本篇内容看，这样的观点既有政治立场、利益分化、思想主张的原因，也有一些纯属观念的误解以及对相应历史进程的不了解。

虽然对于用福利国家来拯救穷人，无论在中国还是在西方学界都有争议，但福利国家似乎已成为现代国家发展的宿命。正如挪威学者瓦尔说，“从历史上来看，福利国家制度的建立代表了人类社会的巨大进步，意味着人们生活和工作环境的巨大改善，是无与伦比的历史事件。20 世纪由于福利制度的确立，人类的健康、预期寿命和社会保障状况，在短时间内有了突飞猛进的发展。而且更为重要的是，在这样的国家，福利是人们的‘权利’，而不是‘施舍’”。

工薪税：
为什么自由主义的美国也要搞福利保障？

在抗击殖民母国（英国）征税斗争中诞生的美国，普通人一直对税收比较敏感。但有一种税即工薪税（payroll tax），却一直以来是民众厌恶程度最轻的税。为什么呢？这是因为工薪税是一种为社会福利而开征的税收，它以工资和薪金为基础按固定比例（目前大致为 15.3%）向雇员和雇主各征收一半，所获资金专门用于社会救济、老年医疗保险、伤残保险、失业保险、养老保险等项目。这一工薪税初创于罗斯福新政时期颁布的《社会保障法》，后来随着《社会保障法》的修订，工薪税的征税税率、使用范围都有比较大的调整。在今天，由美国国家出面提供的社会福利，其制度与措施绝大多数都建立在工薪税收入基础上。由于这一税收专款专用的特征，从中受益的普通美国人对该税厌恶程度最轻是显而易见的。

就福利制度建设而言，美国是西方世界公认的落伍者。它的福利制度，因为未采用欧洲式国家综合性医疗保险与家庭津贴体系，在国际上常遭诟病。尤其是其中的医疗保险制度，在国内政治中造成了深刻的分歧与屡现的僵局。但要看到，美国运用工薪税确实也建立起了一个福利保障制度。为什么在最强调政府不干预的美国，也要搞福利保障呢？这样的福利保障制度是如何而来的呢？它是不是违背了美国传统的自由主义精神呢？它会不会影响经济增长或者说损害资本的利益？要知道，在历史上资本有积极的意义。它通过承担风险、创造市场，带动了经济增长，进而惠及劳动者，创造出现代社会与现代国家。可是，不断积累的资本如果不受节制的话，也会带来巨大的破坏性，最终也会损及资本自身的利益。接下来我结合历史来说明，自由主义的美国之所以建设福利国家，不仅因为它有利于劳动者，还因为它服务了资本的增值需要。

美国自由主义传统中的“孤独的拓荒者”精神

提到美国的自由主义传统，一个绕不开的词汇就是曾经支撑其国家成长的“孤独的拓荒者”精神。作为不存在政治专制、没有重商主义经济管制的前殖民地，在建国前后的经济建设和向西部的拓展过程中，美国人逐渐培养出一种所谓的“孤独的拓荒者”精神，即依靠个人的自助、勤劳、负责、节俭、智慧，独立地从一望无边的“无主”土地上开垦自己的家园。在向大自然索取财富时，美国人习惯于独自地面对各种困难与挑战。

民众养成的勤俭节约、刻苦耐劳的工作与生活习惯，又与殖民地开创者普遍信奉的清教徒伦理（勤劳工作是上帝赋予每个基督徒的神圣责任）一致，由此形成了美国自由主义传统中强调自由、自立和个人奋斗的伦理观。

独立后直至19世纪下半叶，美国政府及其领导人也以冷静、审慎、实用主义的态度，建设一种现实的、有效的以及有限的国家机器，不主张国家出面干预现实的经济与社会活动。那时的国家，虽然总体上并不反对仁慈、怜悯、爱等符合新教的价值观念，但甚少进行福利制度的建设，只对退伍军人及军人遗属、年老无助者提供救济措施。

特别能体现美国人这种“孤独的拓荒者”精神的理论，是19世纪下半叶诞生于英国但却热烈响应于美国的“社会达尔文主义”。社会达尔文主义强调，强者淘汰弱者乃是社会进步的必然和保证。它认为，只有通过人与人之间残酷的竞争，淘汰没有能力生存的人，并将生存空间让给更加优秀的人，人类社会才能向前发展，最终达到至善至美的境界。因此，社会达尔文主义反对由政府向穷人提供福利救济措施，主张实行自由放任，以便能淘汰生存能力低的穷人。这样的社会达尔文主义，在新自由主义已逐渐兴起的英国并未得到多少赞同，但由于它的内容与美国清教伦理及殖民地期间形成的孤独拓荒者精神一致，又可为美国此时正逐渐涌现的巨富垄断资本家如卡内基、洛克菲勒等人辩护，因而在美国大受欢迎，赢得了热烈的响应。迄今为止，在美国仍有不少人相信“困境催人奋进”，主张用失业来威胁懒惰者，用低工资来降低生产成本以增强企业竞争力，这些在相当程度上都跟社会达尔文主义相关。

美国国家成长的烦恼

综上所述，由于孤独拓荒者的精神以及对自由放任主义甚至社会达尔文主义的信仰，19 世纪的美国国家倾向于对资本力量不加节制，也因此甚少提供福利措施。但到了 19 世纪下半叶，事情有了变化。伴随着工业化、国土扩张而逐渐成长起来的世界第一强国，出现了日益严重的社会问题。

此一时期，美国遇到的社会问题，大致上可以归结为以下几个方面。

第一，垄断企业涌现并进而形成了对经济、社会、政治的控制能力，造成政治的腐败与政府的无能。美国人日益意识到，在经济领域甚至社会领域，竞争的自由大大减少。美国资本力量的强势反映在，企业主尤其是那些垄断企业的企业主，不但在相当程度上控制甚至主宰了企业的工人（操控他们的投票权，甚至控制他们的个人生活）、主导了公共舆论，而且还通过雄厚的财力操纵联邦与州的选举过程，进而掌握了政治权力，引发严重的政治腐败。

第二，在工业资本发展过程中城市问题凸显。随着城市的迅速扩张与无节制的增长，大量城市问题产生，包括贫民窟的恶劣居住环境以及由此引发的多种问题，如疫病、住房紧张、失业与犯罪率（特别是青少年犯罪）上升、环境污染、食品卫生状况差等。总之，这些城市问题的存在表明，自由放任式的工业资本主义发展已使人的生存环境受到了严重的威胁。

第三，资本获得的国民财富份额过高，民生困苦，贫富差距极大。在19世纪末，9%的富有家庭占据全国71%的巨额财富。与此相对应的，出现了一个人口基数庞大的贫困阶层。许多挣工资为生的人，生活条件的改善远远达不到他们的期望和国民收入的总体上升所创造的可能性。尤其是严重的童工问题，令当时有良心者蒙羞。这样的贫富差距以及雇佣劳动的普遍化，使劳动者依靠自身努力很难摆脱贫穷。

第四，资本对劳动的压榨过度，社会冲突严重，经济与社会秩序遭受威胁。对于资本家来说，工作是控制工人的一种手段，是赚取利润的必须行为，因而延长工人劳动时间、不提供工作条件与安全性保障是常有的事。而对许多劳动者来说，劳动已经丧失了提供幸福的能力。此时，很多美国工人质疑传统的工作伦理，因为他们发现，自己每天都很辛苦地工作、生活节俭，却依然无法摆脱贫困，不能取得经济上的富足。工人们用各种方式向资方乃至国家提出了抗议，斗争此起彼伏，社会冲突严重。许多美国人感觉到，阶级间的冲突正在撕裂国家。资本家也为此深感头疼，他们发觉自己作为一个阶级正被人恨之入骨。

进步主义运动为美国二次建国

在面对自己正因从一个农业社会成长为工业社会、城市社会而遭遇种种问题时，美国上下都提出了强烈的要求，希望国家摆脱过去的消极职能设定而承担起更为积极的职能。美国总统克利夫兰下面的言论，遭到广泛的批评。在面对 1893 年经济危机时，他竟然说“治愈危机的最好办法是装作不知道危机的存在”。对此，以美国全国制造商协会主席马克·汉纳为代表的资本家认识得更加深刻，他说：“必须改变传统政策，否则工人将把我们送上绞架！”

在这样的时代背景下，美国自 19 世纪 80 年代起至 20 世纪前 20 年，兴起了奠定美国福利国家成长的一场关键性运动，即“进步主义运动”。在这一时间段中，针对前述美国国家成长过程中的烦恼，学者们反思过去的自由放任主义，倡言政府改革、支持劳工权利与社会正义，并在政治家们实践的配合下，兴起了朝向进步与改革的高调运动。运动的核心，就是重建美国的政治哲学与政治制度，运用国家的力量初步建设福利制度。美国学者大多称赞进步主义运动的目的是“重塑美国社会”，也有学者将其称为美国独立之后的“二次建国”。

进步主义运动参与者众多，思想倾向、政策主张和改革措施也比较庞杂。大体上，该运动涉及的思想主张与改革政策有以下几个方面。

第一，对当时美国资本与权力勾结形成的政治腐败与社会弊病，进步主义运动进行了广泛的揭露与批判。在这场运动中，特别有一批被称为“耙粪”（揭露黑幕）的新闻记者做出了杰出的贡献。他们致力于揭露联邦、州与城市各层次各种政治腐败事件、垄断问题、劳工问题以及环境、食品与药品领域的丑闻，发动社会舆论，唤醒人们的良知，推动各方面的改革。

第二，在“耙粪”运动及舆情激愤的基础上，为了削弱利益集团尤其是地方大佬对政治的操弄，制约野蛮的资本力量，参与者纷纷要求进行政治改革。他们倡导的制度改革有：改革总统初选方式；实行参议员在州内的直接选举方式；反对选举获胜政党对官职的分肥制度并要求建立文官体制；扩大妇女选举权；改革政府预算方式和管理结构等。当时的口号是，改革政治制度的目的在于，“使美国政府为大众服务，而不是为财产服务”。这些改革倡议，后来基本落实到立法行动中。

第三，在倡导政治改革、确保民众真正掌握权力的同时，在思想上反思消极的国家职能观，要求国家积极行动起来，并用民主的权力来节制资本，约束垄断资本的破坏性力量。正如西奥多·罗斯福总统（1858—1919）在1904年国情咨文中指出的，现代企业运作需要资本的高度集中，但这种集中无论如何不能破坏竞争、控制价格、腐化政府，过于强大的有组织私有经济力量对于公众福利和民主是一种威胁，而只有政府才有能力对其加以控制。美国知识分子甚至一般公众，此时已大多相信外在环境对个人行为起决定性作用，认为只要解决现实中人口拥挤、贫民窟众多、工作环境恶劣等问题，就会带来更好的民众以及更加光明的未来。于是，联邦政府运用国家权力保护和增进公民尤其是弱势群体的经济福利，如保护童工、女工，规定最低工资与最高工时，以及解决市民住房问题等。与此同时，在反对垄断、加强公共教育、管制运输领域等多方面，国家也加强了干预的力量。

1912 年威尔逊（1856—1924）当选为总统，大量采纳了进步主义运动的纲领。他宣称要结束少数人支配经济的特权，给每个公民公平的机会，并增进普遍福利。在他看来，政府有责任推进自由，“今天的自由决不只意味着个人不受侵犯和干扰。在当代，一个政府的自由计划必须同时也是积极的，而不仅仅是消极的”。正是在对自由主义传统重新定义的基础上，美国的福利国家制度逐渐形成。在当时的人看来，这么做并不违背美国传统的自由主义，而是对自由主义的发展。

罗斯福新自由主义

到了 20 世纪上半叶，美国主流社会开始承认，由资本寻求利润所推动的经济发展，可能会形成不利的外部环境，也可能会恶化政治经济条件，它是社会问题的成因，并进而会影响国家的发展。为此，国家必须改变原来消极的角色定位，积极地行动起来并致力于解决问题，这有利于实现人的真正自由与资本的健康发展。

一般公认美国是在大萧条之后的罗斯福新政中转向大规模福利国家制度建设的。正如 1932 年当选为总统的富兰克林·罗斯福（1882—1945）所强调的，在大萧条中的美国，有三分之一的人处在饥寒交迫、无家可归的境地之中，因此不得不动用政府的干预力量来重建经济，并为美国人提供社会保障。1932

年 12 月他在《自由》杂志上解释新政（即“释新政”）时说：“代表着各种人口与利益的美国经济生活，可以通过华盛顿政府英明、公平而适中的全国性领导，达到和谐之境。在美国生活中，曾经有的政府只代表这个巨大利益链条的一部分，而且不幸的是，有时只代表一种非常特殊而狭隘的利益”，“不同时让劳工享受更多合法的繁荣成果，资本也不能达到真正的繁荣”。

正因如此，罗斯福总统赞成扩大国家的干预，为那些没有条件享受权利的人提供帮助，并发展了相关的思想。其中最为突出的是，他提出了著名的四大自由：言论自由、宗教自由、不虞匮乏的自由、不虞恐惧的自由。如果说前两项自由还是传统的，在某种程度上是消极的（国家不去干涉言论与宗教自由），那么不虞匮乏与不虞恐惧则是新的，其目的是强调国家积极行动的责任，要为个人提供公共的帮助，消除匮乏与恐惧的根源。他呼吁放弃那种唯利是图的个人主义，放弃原来给国家设定的“守夜人”角色，要求社会和国家出面扶贫助残，为那些“命运的弃儿”提供必要的帮助，从而建立一个幸福、安全、公正、合理的社会。特别地，针对美国资本力量过强这一特征，他强调，国家要限制资本之间的过度竞争，限制垄断组织的膨胀和特权的现象，并公平地分配国民收入，稳定工资和物价。显然，在罗斯福看来，这么做不但不会侵犯人的自由，反而会进一步扩大人的自由，因而是一种新自由主义。

罗斯福新政除颁布了积极的经济干预措施外，最为重要的是铸造了美国福利国家的制度，从而在相当程度上重塑了现代的美国。在这其中，最具标志性意义的是1935年8月颁布的《社会保障法》（也译为《社会保险法》）。该法律紧赶欧洲福利国家的建设步伐，要求联邦政府成立社会保障局负责实施法律，并规定了社会保障包括四个方面：养老金、失业保险、老年保险，以及针对盲人、需赡养儿童和其他遭遇不幸者的救济。自1935年以来，它已经历过20多次修改，见证了美国福利国家的成长。联邦政府后来陆续颁布多项社会保障政策和法令，大多都是在此基础上加以延续、扩大和调整形成的。对此部法律，罗斯福自己也评价很高，他在签署《社会保障法》时说："过去百年来的文明社会，由于它惊人的工业变化，曾经趋向于使得生活越来越不安全，年轻人开始担心他们将来的老境如何，有工作的人则担心他们的工作能保持多久"，而由政府出面建立福利国家制度，可以给这些人以一定的安全感，即使再遇到大萧条，也能让失业者保证温饱，"免于匮乏"。

构建福利国家与服务资本不矛盾

以1935年的《社会保障法》为起点，美国开始构建福利国家。这样的福利国家建设，大致在约翰逊、尼克松总统期间达到高潮。这样的福利国家建设会影响经济发展或者说资本的利益吗？时至今日，我们已可以发现，美国福利制度的建设并没有影响资本的利益，甚至服务资本可以成为构建福利国家的动力。这既表现于美国建设福利国家时表达的政治话语，又体现于福利制度的设计原则，并最终实现于福利国家制度所发挥的功能。

从政治话语的表达来看。虽然在现实的逼迫下，罗斯福总统与自己的前任胡佛总统表现出相当大的不同，但罗斯福仍然竭尽所能地坚持追求经济增值的资本法则的话语。比如罗斯福在 1935 年 4 月，实施了以工代赈的计划，宣布救济金不发给那些有工作能力的失业者，要让他们通过劳动获得工资。1935 年罗斯福总统发动的税制改革，是头一回直接掏富人的腰包，它引起了企业界和保守势力报刊的强烈反对。对此，罗斯福辩解道，对高收入阶层过多的积蓄课税，然后通过政府支出，将这笔税款转化为消费者的购买力，能够振兴国家的经济，最终也有利于资本自身。

再来看美国福利制度的设计原则。罗斯福在设计美国福利国家制度时，竭力以维持资本法则为原则，高度依赖市场手段解决劳动者的福利问题。表现如下：（1）在福利提供原则上，美国始终坚持基于家庭财产资格调查后给予小额救济金的原则做法，尽最大可能让劳动者选择工作而非享受福利，避免形成遍及所有人的公共资助体系，并特别强调普遍性的社会保护措施会引发道德沦丧、奢侈、懒惰和酗酒问题；（2）在福利制度建设原则上，它强调基于市场自愿，要求劳动者基于契约原则和保险精算原则为自己在保险市场上购买保险产品，国家再给予一定的税收优惠措施，以鼓励企业基于自愿原则为工人提供部分福利，与此同时坚决反对普遍性的以国家为主导的社会保险体制（比如全民医疗保险制度）。

最后再看美国福利国家制度发挥的功能。到20世纪30年代中期，关于大萧条的“低消费主义解释”为新政改革者广泛接受。就是说，由于财富与收入分配不平衡，占据人口多数的工人收入低，无法吸收从现代化流水线上不断滚下来的产品，大萧条因此发生。因此，政府采取行动建立福利制度（特别是确立最低工资、贫困救济与养老金），这么做可以大幅度提高工资劳动者在国家收入中的份额，大大提高工资劳动者的消费能力，工人也因未来有保障而在事实上增加了消费，于是消费的增加刺激了生产，帮助了资本获得了长期增值的机会。

对于罗斯福建设美国福利国家的思想底色是服务于资本，社会学家威廉·多姆霍夫还曾经从1935年《社会保障法》的起草专家构成出发来断定。他说，“起草这一法案的专家，都是当时权势最为显赫的上层阶级家庭——洛克菲勒家族——的直接雇员”，由此建立的福利国家制度是由自私自利的资本家推动出台的。事实上，最近也有学者们强调，美国为了鼓励雇主给雇员购买医疗保险和养老保险而针对性给予税收减免优惠，为此形成的税式支出构成了一个隐形福利国家。这样的隐形福利国家，也在相当程度上有利于有工作的人、有利于资本而不是没有工作的人群。

与西方其他福利国家相比，美国福利国家制度服务资本的特色最强，在原则上尽一切可能保留市场的作用并积极发挥资本的逐利作用，在制度设计与运行时更突出商业运作和个体责任。它的社会福利项目高度依赖于商业保险市场与个人选择，普救式的福利给付的数量极少，对部分穷人实行的社会救济也建立在羞辱式的调查基础（在申请福利时，必须经过资格审查的质询、质疑；在领取福利待遇时，不得不忍受羞辱、耻辱）上。从社会分层结构来看福利提供的话，那就是：社会底层的团体主要依赖于羞辱性的社会救助，中产阶级主要受益于遵循市场原则购买保险，但有国家税收优惠补助，而上层阶级则几乎完全从市场上获得自己的主要福利。这样的福利国家制度建设造成了社会的分裂，不能促进阶层融合而只会带来相互的排斥。

小结

为什么曾被古典自由主义者视为标杆的美国，也依靠工薪税建立起福利国家制度呢？本篇追溯了美国国家发展进程的指导思想，反映出美国自由主义传统所持有的“孤独的拓荒者”精神在面对现实经济社会危机遭遇的困境，以及在进步主义运动期间所做的调整，其结果就是指导罗斯福新政的新自由主义。在这样的新自由主义指引下，美国依托于工薪税建立起社会保障体系。总体而言，美国式福利国家建设，并没有一个以社会正义为导向的总体方案，而是遵循着实用主义路线，面对现实问题尝试新的方案，不断累积且经常调整，最终形成今天的样态。从美国的经历看，福利国家制度建设并不违背美国传统的自由主义而是发展了它，福利国家的建设与资本的利益也并不矛盾，且从长期看服务于资本的利益确实成了福利国家建设的重要动力。

恩格斯说，“资本和劳动的关系，是我们全部现代社会体系所围绕旋转的轴心”。如果说服务资本利益是推动福利国家建设的重要动力的话，那么如何看待劳动这一方的情况？这将是本书下一篇的内容。

全民福利：

为什么说具有劳动解放的效果？

在正建设福利制度的中国，有不少学者羡慕通行于北欧的全民福利，当然也有不少学者表示坚决反对。这里说的“全民福利”，专指以瑞典模式为代表的一种为公民提供“从摇篮到坟墓”的高福利保障的方式，它主要依靠一般税收提供资金，为几乎所有登记在册的居民（甚至包括移民）提供基本的保障，使得每个公民不依赖于家庭或救济就可以维持体面的生活水准：养老金充足（国家最低养老金之上还有与收入相关的法定养老金）；公共医疗系统几近免费；政府建立起庞大的公共服务部门（以教育为例，不仅有针对早期青少年的全托服务，有统一的、融合的、面向所有儿童的十年一贯制教育体制，有为残疾和有特殊需要的儿童单独设立的学校，还通过各种方式为年轻人的大学教育、为劳动力的培训提供资助等）。

在浸透古典自由主义理念者的眼中，福利提供最多只能是市场补缺性的，即所有的人都应该依靠工作为自己提供收入，依靠市场保险来应对风险并为自身提供保障，国家只对真正的穷人给予福利帮助，在教育等领域可以实行一定的国家干预但也不能过度。他们坚决反对全民福利这样的高福利制度，认为它必然意味着高税收，由此将带来经济的崩溃和懒人的涌现。可是在采取全民福利的北欧国家，结果并没有像他们说的那么糟糕。与更推崇自由放任的美国相比，北欧国家取得了更快的经济增长、更低的赤字率、更高的劳动出勤率。

本篇将结合瑞典福利国家的成长过程，来讲讲全民福利国家背后的理念。事实上，它不单纯是一种帮助穷人的福利方案，更包含着解放劳动或者说避免劳动力商品化的雄心。

劳动解放的社会民主方案

像瑞典这样的北欧国家之所以走上独具特色的全民福利国家道路，公认最重要的原因是受到了社会民主主义思想的影响。大体而言，社会民主主义是社会主义思想中影响比较大的一个分支，而社会主义又是针对欧陆工业化过程中出现社会分化、工人贫困、劳资对立等社会问题尤其是劳动力商品化问题在理论上的回应，它随劳动对资本的反抗一起发展。

在现代社会运行所围绕的轴心“资本-劳动”关系中，资本要素（其人格化代表为资本家）往往总是处于强势的一方，而劳动要素则被资本视为简单的成本因素，并被按照成本最小化

（或者说利润最大化）原则支配或处置。可问题是，劳动附着在人身上，资本家将劳动视为商品就意味着将“人”视为商品。可是，劳动并不像投入生产过程中的其他成本。正如经济史学家卡尔·波兰尼（1886—1964）所强调的，作为特殊商品的劳动，“不能被推来搡去，不能被不加区分地加以使用，甚至不能被弃置不用，否则就会影响到作为这种特殊商品的载体的人类个体生活。市场体系在处置一个人的劳动力时，也同时在处置附在这个标志上的生理层面、心理层面和道德层面的实体‘人’”。

对于把劳动力作为商品这一现象，至少有以下三种力量参与到反抗进程中：一是劳动者自己（分散地或有组织地）发起反抗资本家的行动，最终发展为波澜壮阔的社会主义运动；二是传统保守主义者因担心劳动力商品化过程会让既定的秩序受到致命的打击，于是发起抵制；三是19世纪英国新自由主义为代表的自由主义学者对于积极自由的强调，认为只有在外部环境（主要是国家）的帮助下，人才能自主地选择生活方式，实现个人自由与自我决定。

显然，在上述反抗劳动力商品化的三种力量中，最有力的显然是第一种即围绕工人运动而形成的社会主义运动。社会主义运动及指导思想有多个来源且分为多种派别，在19世纪下半叶影响最大的是“科学社会主义”，它要求通过暴力革命剥夺私有财产并由社会出面明智地组织经济与生活，以最终解放劳动者。到了20世纪上半叶，这一批社会主义者中的中派（以卡尔·考茨基为代表）和右翼（以爱德华·伯恩施坦为代表）逐渐发展出社会民主主义思想，即不再寻求一揽子解决方案（即通过暴力革命推翻资产阶级统治，实行全面公共生产），而希望更多地通过福利制度建设（社会保险项目、劳动保护立法、最低工资立法、健康和教育条件的改善、国家住房补贴等），让劳动者的部分生活摆脱市场的控制，而交由政治来处置、由财政来保障，以使劳动力在一定程度上摆脱商品化的境地。这就是解放劳动的社会民主方案。

在用社会民主主义方案建设福利国家的过程中，制度服务的对象一开始是选择性的（即处于困境中的劳动者），后来才扩大为普遍性的（全民）。此外，各种福利政策的颁布与工会地位的确认，与实施更加广泛的政治权利（普选权）、建设有效的官僚制度同时进行，从而将福利国家制度建设与国家整体现代化进程结合在一起。由此形成的全民福利制度，鲜明地区别于美国这样的补缺性福利制度。事实上 20 世纪不仅在北欧，而且在整个欧洲，社会民主主义的要求都是福利国家建设最为突出的动力，“社会民主主义的方案成了发达国家的共同财富”，以至于当代著名的福利国家研究者埃斯平-安德森在《政治对市场》一书中说：“今天，社会民主国家其实已经成为福利国家的同义词”。

瑞典建设全民福利国家的历史基础

自 1936 年美国记者麦奎斯·查尔斯出版《瑞典：中间道路》

一书以后，瑞典建构的全民福利国家就被以“瑞典模式”为名，亮相于世界直至今日。接下来主要以瑞典为例，来说明这种全民福利制度所具有的劳动解放效果。在瑞典之所以形成了这样一种福利国家实践，不仅受到前述社会民主主义思想的影响，还跟这个国家的历史基础有关。

在走向现代国家的进程中，与英国这样的国家相比，身处北欧的瑞典，有自己的特殊性。

第一，自19世纪中后期瑞典进入工业化阶段后，随着经济发展与社会变迁，像所有现代化过程中的国家一样，各种社会问题日益突出。比如说，因城市人口快速增长而导致住房紧张、秩序紊乱，因贫富差距日益扩大而导致济贫措施不足、社会不满，因工业发展而带来劳动时间漫长、失业、工伤、医疗、退休（养老）等问题，以及因脱离传统共同体而导致老弱群体乏人照顾等。

第二，在赶超先发国家的过程中，像瑞典这样的后发国家往往积极利用国家的力量来实现现代化（如制定经济政策、推动工业革命、实施教育改革、促进高素质劳动力发展等），在思想上警惕国家力量的自由放任主义本就不像美国那样强。相反，在瑞典这样的国家，由于受本民族传统与基督教的影响，君主、贵族和教会对民众有比较浓厚的家长主义关怀，上上下下都愿意尽力承担福利责任、帮助不幸的穷人。

第三，由于瑞典这样的国家是在短期内实现现代化的，因此传统的职业行会并未像英国那样解体，反而拥有比较强大的力量，能够在现行框架内提倡互助，给工人提供必要的福利支持，并组织工人去争取自身的权益，或者要求与资方，与全社会共担现代化带来的风险。

第四，瑞典等北欧国家比较早地奠定了民主制度的基础，这也是它们走上全民福利国家的有利条件。1766 年瑞典颁布的《出版自由法》是世界上最古老、最自由的法案，一直沿用至今。1809 年，瑞典颁布欧洲第一部成文宪法，在法律上废除了贵族特权，并最终确立了议会民主制。到 1914 年以后，议会制政府已经成为国家制度的一部分。

功能社会主义与人民之家

瑞典之所以走上全民福利制度，20 世纪上半叶的“人民之家”建设起了决定性作用，而人民之家的背后，是瑞典社会民主工党提出的功能社会主义观念。

20 世纪初期，瑞典在普选制度方面不断发展，遵循社会民主主义理念的瑞典社民党随之在议会中获得了越来越多的席位。到 1917 年后瑞典社民党成为执政党，不再需要通过暴力革命夺取政权。为了能够持续获得议会多数席位，为了处理国家内部治理（尤其是当时瑞典国内工人阶级贫困、多处发生大规模饥荒骚乱）与国际形势动荡（俄国十月革命和德国革命运动）等问题，作为执政党的瑞典社民党，必须提出切实有效的指导思想。

这样的指导思想发展，最主要体现在执政初期瑞典社民党提出的功能社会主义理论。此时他们理解社会主义，已经从制度功能而非制度结构（所有制形式）出发。在他们看来，是不是社会主义，关键不看结构（比如像苏联那样实现生产资料所有权的国家集中）而看功能（将生产手段从资本家那里分散出去，或者说生产过程和生产结果的支配权不再集中于资本家）。基于此，瑞典社民党形成了一种新理论，其出发点是："通过普遍选举权和政治民主，使所有公民——不仅是有财产的或者高收入的人——都获得影响社会的机会与权利。"这样的功能社会主义，其内容包括：肯定国家对所有权干预的合法性；充分肯定福利政策（八小时工作制、劳动保险法和其他社会政策）具有社会主义的意义；强调对于产品价值的形成而言，工人劳动并非唯一的来源，资本和土地要素也是创造价值的要素。

瑞典社民党为执政而提出的上述指导思想，被进一步地概括为"把瑞典建成人民之家"的口号，用于1928年该党领袖汉森（1885—1946）的竞选活动中和随后的执政实践中。"人民之家"从家庭这一比喻而来，家庭的基础在于共有和团结，而国家的人民也应像家庭成员那样平等、关心、互助、合作。人民之家的内容实质就是建设福利国家，即在肯定私人所有权存在的前提下，借助于累进税收来供给福利支出，以便为所有的公民平等地提供公共服务，消除经济不平等带来的社会后果，同时缓和经济周期性的波动。

在第二次世界大战爆发后，有不少欧洲国家的社民党领导人逃亡到中立国瑞典，受到了瑞典社民党"人民之家"思想的影响。后来他们又纷纷流亡到伦敦和蒙特利尔，瑞典模式也因此对西方各国福利国家建设产生了影响。

全民福利国家思想的成熟

用曾任瑞典首相长达23年（1946—1969）的社民党领袖埃兰德（1901—1985）的话来说，瑞典福利国家的建设目标是，国家应是每个人福利的担保者，要建立每一个人都有保障的福利国家；而所谓有保障，就是为所有人都创造劳动机会，实现充分就业，最终人人都享有一定的社会地位、有尊严地生活。

事实上，二战后指引瑞典建设福利国家的思想，是在欧洲国家特别是北欧国家已达成的一个共识性意见，那就是获得福利是公民合法的权利，供给福利是政府应尽的责任。之所以说此时的全民福利国家思想已经比较成熟，是因为他们对自由、平等、团结等价值观提出了自己的新解说并用来支持制度建设。

社民党人理解的自由概念内容如下：出发点是个人自由，但通向这一自由的道路是改变社会和劳动生活。换言之，社民党人认为不同的经济地位决定了人们在社会上自由程度不同，因此单方面地强调个人的行动自由而不考虑对其他人的影响（即消极自由）是不够的，容易造成弱肉强食的局面。因此，他们主张应该用集体方式针对造成民生困苦、地位低下、不自由的机制采取措施，从而使所有人都能摆脱贫困和受压迫的地位（即实现积极的自由）。当然，运用集体解决的方法可能会产生要个人无条件地屈从集体要求的危险，这就要求必须实行民主，因为民主制度给每个人与其他人影响集体的同等权利。

社民党人理解的平等意味着，所有的人都有能控制自己生活和影响他们所处环境的同等权利，前提是要公平分配对人们的自由而言有意义的资源。平等当然不意味着同等划一，但要求人人都具有成长并发展的同等权利或者说控制自己生活和影响自己社会的同等机会，特别是知识与健康的平等分配。

在社民党人看来，团结这个概念，实际上是对所有人都是社会动物、人人相互依赖和每个人生活的可能性取决于社会的实际认知的宣示。以共同的最大利益为出发点建立起来的社会运转得最好，依此建立的福利国家制度（如通过税收筹资的福利政策，为个人提供教育、医疗、护理服务等），是公民相互提供保障的手段。

英国历史学家埃里克·霍布斯鲍姆（1917—2012）曾经评价以瑞典为代表的欧洲福利国家建设的实践，即利用政治的力量保障劳工的福利、限制资本的剥削和市场机制的作用，在二战后至 1970 年代中期造就了黄金时代，“改良主义目标几乎百分之百实现，工人的状况比 1914 年以前主张与资本主义和平共处的人们最乐观的设想还要好”。

从劳动解放角度理解全民福利

为什么说全民福利制度具有劳动解放因素？大致可以从如下几个方面来理解。

第一，瑞典模式福利制度不像美国那样，满足于仅让低收入阶层免于饥饿，而认为自由的实现需要改变现有的社会条件。因此，瑞典模式寻求让所有的人都能摆脱贫困，让处于低下经济地位的人们仍有选择的自由。表现在瑞典的福利制度中，那就是实行普遍性原则（或称普救主义原则），即按固定金额向所有符合资格的对象发放福利，福利几乎与个人劳动收入脱钩，也很少进行收入与财产的调查。需要进行收入与财产调查的项目，仅限少数几个：住房津贴；对那些没有收入（或者只有少量养老金收入）的人发放特殊的补充性养老金等；特别的救济措施等。民众凭借公民身份即可获得福利，这是一种合法的权利，也是政府的责任。它意味着，劳动者可以不依赖于市场就能维持生计、穷人不用接受羞辱式经济状况调查而仅凭需要就能获得帮助，于是劳动力在相当大程度上获得了非商品化的地位，劳动者的自由选择能力增强，“公民在必要时可以自由地选择不工作，而无需担心会失去工作、收入或一般福利”。

第二，瑞典模式将劳动与福利高度融合在一起，其核心内容是竭尽全力确保充分就业。在充分就业的前提下，财政收入将实现最大化（有能力承担税负的人数最大化）而社会转移支付将最小化（支付的失业津贴和救济金很少）。当然，要维持充分就业，瑞典模式的国家就必须承担起职业介绍（帮助失业者顺利过渡到新部门）、创造公共部门就业岗位（占总就业的30%）的责任，同时对宏观经济稳定也承担起巨大的责任。瑞典模式的福利制度运行需要宏观经济稳定，福利制度本身又有利于宏观经济稳定的实现。相比之下，在美国式福利国家中，许多时候不认为失业是一个问题，甚至有时视之为一种解决问题的办法，即认为失业有助于降低工资、降低通货膨胀率、加强劳动纪律、促进劳动力的流动等。

第三，瑞典模式福利国家将高税收与对教育培训的高投入结合在一起。这样的做法，不仅让劳动者能找到工作、实现充分就业，而且还因素质提高而找到好工作，提高了收入。在20世纪末21世纪初，瑞典的经济之所以能从工业品生产向服务产业、高技术产业顺利转型，教育的巨大投入与培训的积极展开，被认为居功至伟，因为它创造了劳动力的灵活性，也增强了技术变革的适应性。正因如此，在瑞典这样的全民福利国家，工作流动性高，失业工人找工作速度快，经济增长状况好，社保制度也更稳固。

第四，瑞典模式将妇女解放也包括在内。就是说，在这种制度下，通过国家提供大量的社会关怀服务（承担起照顾儿童、老人、孤寡者的直接责任），将家庭成本社会化。妇女因此可以选择工作而不是操持家务，这鲜明地区别于法国、意大利等国的合作主义的福利制度。在后两个国家的制度中，只有在家庭扶助能力衰竭后才由国家来提供关怀服务。当然，美国式福利制度几乎不考虑将妇女从家庭服务中解放出来的问题。

也有不少人从资本角度出发，批评瑞典模式的福利制度会使劳动者丧失责任感，侵蚀人们的主动精神，而福利所耗费用之大又会削弱国民经济。对于这样的批评，瑞典社民党在2001年的党纲中是这样回应的，这一回应也典型地体现出他们对劳动解放因素的确认：“这种批评是强权政治性的、意识形态性的和缺乏实际依据的。资本主义制造出这样的神话：困境催人强，当最宝贵的资源——人变得疲惫不堪、体弱多病时，社会经济反倒强盛起来。”

挪威学者瓦尔在《福利国家的兴衰》一书中强调，福利国家的建设符合绝大多数社会成员的利益与意志，因为“福利国家制度与保障普通民众的基本生活条件有关；福利国家就是要建立一个以普通民众的经济、社会和文化需求为中心的社会制度；福利国家要能够减少个体承担年老、疾病和意外事件等风险的责任；福利国家要能够提供给每个人聪明才智与能力充分发挥的机会，不仅仅在工作领域发挥能力和影响力；福利国家要能够使每个人根据自己的能力为社会做贡献，然后按照每个人的需要来提供满足；福利国家要能够实现个人自由！”

小结

本篇主要以瑞典为例，介绍全民福利国家发展的历史基础与过程，揭示这一模式背后的劳动解放观念，并尝试着破除对全民福利模式的一些误解。大体上，以北欧为代表的全民福利国家虽然在20世纪的八九十年代对福利制度有些调整，但进入21世纪后，仍以慷慨的福利津贴与快速的经济增长、低失业以及高劳动力参与度相结合而著称于世。埃斯平-安德森对全民福利国家是否会影响经济增长的看法是，“从整体来看，如果说福利制度津贴对斯堪的纳维亚各国当前的经济问题有某种直接影响，那也是微乎其微的。有理由证明，许多福利津贴造就了竞争方面的优势”。

余　论

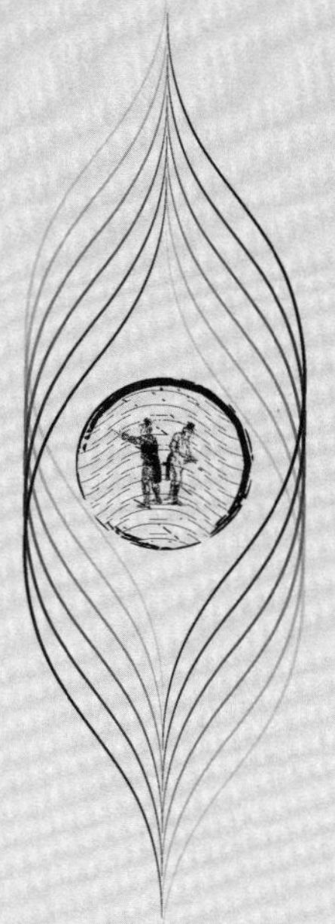

政党财政：
如何为现代政治运行奠定基础？

在 1787 年美国联邦宪法设计者的心目中，政党是没有地位的。可在西方现代国家实际运行起来的政治都是政党政治，没有人能够设想，缺失政党活动的国家该怎么运行。就政党政治来说，政党财政又是其基础保障条件，或者说经费保障是任何一个组织生存和活动的前提，就像美国一位政治家杰斯·昂鲁说的，“金钱是政治活动的母乳”。

政党的日常维持与运行需要经费，竞选时更需要花费大量金钱。如何为政党供应经费，政党如何使用经费，这些问题对政党政治运行乃至现代国家建设来说都至关重要。

政党财政的主要类型

对政党财政而言，它的支出比较简单，主要集中在以下几个方面：（1）维持政党的日常运转，包括发放本党领导人、工作人员的工资，租赁或购买本党中央和地方机构办公场所，以及支付日常办公开支等；（2）保证本党各项日常的社会政治活动，如通过媒体向公众宣传自己的政治纲领和政治主张，举办各种活动扩大自己的社会影响，联系社会各界人士，发展本党成员，加强同国外其他政党的联系等等；（3）支持本党或者本党候选人参与竞选，这是西方国家政党财政中最大的支出。

政党财政的收入来源相对比较复杂，也是本篇要讨论的重点。从来源来说，政党财政收入主要有以下几个方面：捐赠（包括钱款与物品）、国家财政补贴、党费上缴、党产收益等。不同的收入来源，与该国政党政治的历史、社会环境以及政治制度安排相关，同时也对该国政党政治的运作造成不同的影响。

根据上述主要收入来源的不同，在理论上可以将政党财政划分为以下几种类型。

（1）捐赠型政党财政。主要收入来自从选民那里募集而来的捐款赠物，这一类型的代表国家有美国、加拿大、英国等。

（2）国家补贴型政党财政。主要收入来自国家财政的补贴，由国家依照法律、根据某种固定规则给予，其代表国家有法国、奥地利、瑞典和意大利等。

（3）党费型政党财政。主要收入来自本党党员交纳的党费。20 世纪 60 年代以前，西欧许多国家的政党经费，都曾大量依靠党员交纳的党费。但现在，主要依靠党费的政党财政，已几乎消失不见。这是因为，过分依赖党费会削弱党员对政党的忠诚度，也会弱化政党与非党员群众之间的互动关系。

（4）党产型政党财政。主要收入来自政党控制的财产所产生的收益。这样的政党财政类型在西方几乎见不到，不过在法国、德国、意大利等国家仍有一些政党，可以通过经营自己掌握的媒体等党产获取部分收入，但比重一般不大，而且因公私不分的缺点而频受人攻击（特别是对执政党来说）。

（5）混合型政党财政。主要收入来自上述数种收入来源的混合，特别是捐赠型和国家补贴型的混合。德国可以作为混合型政党财政的代表。

以上的分类只是理论上的，在现实中由于党费型和党产型政党财政极为罕见，所以下文只讨论有典型意义的政党财政，即捐赠型、国家补贴型和混合型。

捐赠型政党财政

捐赠型政党财政，最为典型地体现在美国和英国两个国家。相对而言，美国的政党财政运行以候选人为中心，而英国的政党财政运行则以政党为中心。

美国的选举政治运行，基本上围绕候选人个人展开。在美国历史上很长一段时间里，国会议员、总统和其他职位的候选人，都是直接向不同的利益集团和富豪寻求资金支持。水门事件之后，为了平息公众对政治腐败的强烈不满，国会对相关法律进行了修订。其中 1974 年的《联邦选举竞选法修正案》，对于选举经费的捐赠和支出的额度设立了一个新标准，并成立了联邦选举委员会来加以专门的监管。

目前美国政党财政的来源主要有以下几种。

（1）富人和集团的捐赠。联邦选举竞选法规定任何个人在同一年内，对同一竞选人的捐款不得超过 1 000 美元，一年内对任何一个政治行动委员会的捐赠不能超过 5 000 美元，任何一个人给一个政党的全国委员会的捐赠不能超过 20 000 美元，任何一个人每年的捐赠限额为 25 000 美元。这部法律的立法目的，是试图减少富人和集团对竞选联邦官职的竞选人的捐款数量。

（2）政治行动委员会。该委员会负责专门筹募及分配竞选经费给角逐公职的候选人，在候选人所获经费的比重上趋势越来越高。大体上，政治行动委员会给众议员候选人的捐款超过给参议员候选人，给职位的现任者的捐款远远超过给挑战者。

（3）直邮、电话、网络募款。这种募款方式主要针对平民，捐赠者数量众多，捐赠额为小额或是中等。在 20 世纪 80 年代初，小额捐赠一度占据政党财政的大头，而来自富人和政治行动委员会的单笔大额捐赠在总量上只占少数，但到了 20 世纪 90 年代，政党开始集中精力向大额捐赠者和政治行动委员会募集款项。进入网络时代后，对于某些候选人来说，通过网络实行小额募款又重要起来。曾在 2016、2020 年角逐民主党总统候选人资格的桑德斯，以批评资本主义与大额捐赠而著称，而他自己主要依赖的就是网络小额捐赠。

（4）政府公共基金。公共基金的出现，主要是为了减少总统选举的成本和减弱金钱对竞选结果的影响。联邦选举竞选法中规定，一个主要政党的总统候选人提名者，若要接受基金资助，就必须能从其他渠道获得资金，并接受相关支出限额的规定。

在英国，曾经有很长一段时间，党费收入是各主要政党的重要收入来源。但随着各政党党员人数的下降，党费收入占各政党财政总收入的比例越来越小，目前已不足10%。各种各样的捐款，才是英国各政党收入的主要来源。工党、保守党这两大政党，其收入一半以上来自捐款（包括现金和实物）。工党的主要捐款者是工会，并通过工会政治基金来实现。工党成立之初，在资金上就受到工会和社会主义团体的支持。这也是英国政党财政史上的一个进步，因为此后工党资金主要依赖于制度化的运作，而非个人的能力。在保守党的收入中，约70%来自私人捐赠和各种募款（多数又来自企业），来自其他来源的不到30%。政府补贴数量虽然不算大，但是国家仍通过一些直接或间接的方式来资助政党（主要是间接的方式）。英国对政党的资助有三种途径，即国家的选举津贴、提供免费的广播（包括电视和电台）以及国家的现金津贴。

捐赠型政党财政，从制度上说，优点是政党与民众之间具有高度的互动性。政党只有推出符合民众要求的候选人、竞选纲领以及公共政策，才能赢得民众的捐赠，也只有在捐款支持下才可能在竞选中获胜。不过，捐赠型政党财政也有不可回避的缺陷。

（1）利益集团的影响过大，政治腐败问题严重。显然，有组织的利益集团，捐赠行动更集中、更有目的，与相关候选人或政党进行谈判的能力更强，从而可以获得与其人数甚至金额不相称的影响。利益集团的过度影响所引发的政策不当、腐败甚至犯罪，在美国和英国政治中的表现比较明显。

（2）过分有利于现任的政党或候选人，政党竞争机会不均。一般情况下，捐赠者捐款给现任者，“投资报酬率”更高。因为与挑战者相比，现任者的名声已经够“响”，通过现有的渠道，花费更少的钱就能把相关信息传递给公众。特别地，现任者可以利用国家的力量来满足选民的要求（如制定特定政策），获取自己的支持。一个挑战者想要当选，就要比现任者花更多的钱，尽更大的力。

国家补贴型政党财政

欧洲许多国家尝试着用国家财政补贴的形式来资助政党的活动，维持政党政治的格局，克服捐赠型政党财政的缺陷。法国、瑞典两国的政党财政是国家补贴型的典型，前者主要资助候选人，后者主要以政党为资助对象。

法国政党财政制度的核心目标是，确保竞选时每个候选人（而非每个政党）之间的机会平等。在1988年前后，法国政党财政制度有比较大的变化。在1988年以前，法国政府禁止各政党接受任何形式的捐赠，由国家财政直接给候选人以资金帮助。在总统和议会选举中，凡获得选区5%以上选票的候选人，政府将会返还其包括海报在内的一些竞选费用，该候选人在选举前上交的1 000法郎保证金也能得到返还。除此之外，各政党还获得一定数量的免费电视宣传时间。可是，由于政府补贴资金在竞选时严重不足，各政党及其候选人仍在私下接受许多捐赠。1988 年之后，法国颁布了政党财政法，规定国家对政党的财政补贴根据各政党在国民议会和参议院中的议员人数，按比例分配。以 1993 年法国政府对政党财政支持为例，其分布情况如下：一半按照候选人数额的比例，分配给在前一次立法选举中至少有 50 个候选人的政党；另一半是在享有前一半财政补贴并且在议会中拥有席位的政党和团体中，按其各自拥有的公开的议员数比例进行分配。与此同时，该部法律还允许政党接受私人捐赠。这样，各政党候选人（总统候选人和议员候选人）除了接受政府财政补贴外，还能获得直接或间接的公众资金捐赠。这部法律也提高了候选人和政党在筹资活动中的财政透明度。例如，在接受超过 1 000 法郎的捐款时，必须使用支票。但自 1995 年起，法国的法律禁止候选人和政党接受私营大企业及接受政府资助的公司的捐赠。法国宪法及《选举守则》中还规定，个人每年对政党的捐款不得超过 6 500 欧元，对每位候选人的单次选举捐款不得超过 4 000 欧元。

瑞典的政党财政，在资金来源上大致有以下几方面：(1) 国家补贴，这是瑞典政党财政的主要来源（超过 60%），有一整套制度对各政党进行广泛补贴；(2) 党费，这部分收入占各政党财政收入的比重很小（一般在 10% 以下），但相对还比较稳定；(3) 彩票或物品（如年鉴、小册子、旗帜等）销售收入，这是瑞典各政党的传统收入来源，比例一般不大但有时也会增加，而瑞典社民党是获得这种收入最为成功的政党；（4）党员和非党员的捐赠，一般来说这一收入很少，只有在大选期间数量才会有所增加。

国家补贴型政党财政制度，在一定程度上对捐赠型制度的缺陷有纠正，政党受利益集团的影响相对比较小。不过，这种类型的政党财政，也有自身的问题。

第一，政治互动性削弱。在该制度下，政党不必为了获得资金而密切关注公众的要求，从而使政党与公众之间的政策互动关系大大减弱。

第二，公平性缺乏。国家在向各政党提供财政补贴时，一般按照政党已经获得的席位来分配。这一措施与捐赠型制度相比，同样有利于现有党派和现任职者，不利于挑战者，而且有利于现职者的做法被制度化，显得更为僵硬。

第三，难以避免利益集团的影响。来自国家财政的补贴，使政党或候选人减少了对特殊利益集团的依赖。但在现实政治运行中，这一制度仍难以避免政党及候选人与大额捐助者之间的私下交易，以及由此引发的政治腐败。

混合型政党财政

混合型政党财政制度以德国最为典型。在一定意义上，该制度是为了避免捐赠型和国家补贴型制度的缺陷而产生的。

为了保证政党有必要的资金从事政治活动，并在摆脱对特殊利益集团依赖的同时增强政党（及候选人）与公众之间的互动，德国发展出一种混合型的政党财政制度。这种制度原则上要求各政党所获得的国家财政补贴不得超过其政党收入的50%，每年国家对所有政党的资助金额都有限制。在这种制度下，德国政党财政的资金主要来自以下几方面。

（1）政府的公共基金补贴。公共基金一般被视为减少政党或候选人对特殊利益集团依赖性的一种做法，在德国，它还被视为应对日益增长的竞选成本、加强政党竞争的公平性，以及为公民参与选举提供资金机会的良好手段。政府公共基金的资助一般占政党财政收入的40%左右，主要按以下几个方面给予补贴：根据各政党在州、联邦、欧洲议会选举中的得票比例，按选票数给予竞选费用返还（有上限）；给每个党派的政治基金大致差不多数额的补贴，在法律上这些基金独立于各党派，但可为各党派提供研究、教育甚至外交方面的资助；竞选期间，根据各党派在上次选举中的得票份额，分配免费的电视时间；对国会中的政党或党团活动，给予公共资金的支持；根据政党法，给予上一次联邦选举中得票率至少2%的政党，以一种“基本支付”补贴。

（2）党费收入。党费收入是德国政党财政的一大特色，一般要占政党财政收入的20%左右，社会民主党的党费收入比重超过其他政党。

（3）捐赠收入。该收入虽然不是德国各大政党的主要收入，但仍还占有一定的比例，大约也要占20%，有些政党甚至能占到40%。

德国这种混合型政党财政制度，对捐赠型和国家补贴型两种制度的缺陷，都有所弥补。但是，该制度自身也有缺陷。择其要者而言，有以下几个方面。

第一，由于公共基金的存在，联邦和州的政党执行委员会，变成独立于政党的团体。例如，理论上政党执行委员会可以在没有党员的情况下，依赖公共基金而运作，而不必收取党费和争取小额捐款。在竞选和政党筹资方面，政党执行委员会也不再依赖平民阶层。

第二，透明性仍不足。利益集团或特定个人可以通过种种手段（如匿名或者通过他人名字）进行捐赠，以换取有利的公共政策。政府虽然通过税收优惠手段来鼓励公开捐赠，但大额捐赠者似乎对匿名捐赠更感兴趣而不是享受税收优惠。

第三，国家财政对政党活动的补贴缺乏自我约束机制。公共基金对政党财政的补贴，呈现出爆炸性增长的趋势，给国家财政造成严重的负担。当然，缺乏约束的原因也与透明性不足有关，特别是有关政党财政在支出方面的透明性。

小结

政党财政的制度设计，最为重要的是要在捐赠型和国家补贴型之间取得适当的平衡。捐赠型政党财政制度，其优点在于政党活动高度依赖于选民的参与，政党若要竞选获胜就必须以其有利的政策或有吸引力的候选人来获取选民的金钱支持。因此政党在制定公共政策的过程中，能够与公众展开有效的互动。但缺陷在于，这种类型下的政党，高度依赖于选民的金钱支持，由此引发政治腐败。特别是特殊利益集团，能够利用其集中的大额捐赠，获得与其人数不相称的影响。虽然通过法律对个人和公司的大额捐助进行限制，可以取得一定的成效，但是金钱对政治的腐化作用仍难以避免。国家补贴型政党财政制度，一定程度上避免了金钱对政治的腐化作用，但是政党对国家财政补贴的过度依赖，使政党与选民脱离，甚至使政党中央与自己的基层组织、本党的支持群众脱离开来。一旦政党与选民和群众脱离，政党政治就在相当大程度上失去了存在的价值。德国的混合型政党财政制度，在平衡捐赠型和国家补贴型两个方面进行了探索，特别是为政党财政中来源于国家补贴的资金比例规定了最高限额，以防止政党过度依赖于国家补贴而忽视大众。这样的探索应该说有一定成效，虽然该国政党财政制度在运行中产生的政治腐败问题仍然存在。

总体而言，一个良好的政党财政制度不可缺少的成分是：（1）国家对各政党的活动，应依据一定标准给予资金补贴，但补贴必须有一定限额；（2）国家应鼓励和要求政党获得选民一定数量的捐赠，但应通过法律尽力减少大额捐赠的比例并增强捐赠过程中的透明程度。政党财政制度建设，还应该致力于加强候选人之间的竞争性。从现有政党财政制度看，无论是捐赠型还是国家补贴型，多数时候都有利于现任者，对挑战者的资金支持相对不足。这样，就可能让某个候选人长期在职。西方政党政治的实践说明，缺少一个真正的挑战者是造成政治腐败的主要原因。因此，政党财政制度需要有意识地支持挑战者对现任者的挑战，加强政党和候选人之间的竞争，以减少腐败的机会。

财政立宪：

如何用钱包的力量约束利维坦？

在美国有一个叫“全美纳税人联盟”的组织，自 1975 年起它就积极地推动“平衡联邦预算”的修宪运动，呼吁在联邦宪法中明文规定，除非有战争或经济不景气等特殊状况，否则联邦财政收支必须保持平衡，不得有赤字预算。他们提出的有关平衡预算的宪法修正案条文如下：第一，总统每年提交预算草案给国会讨论审议；第二，国会所批准的预算不得超过收支平衡的限度；第三，若发现预算失衡，赤字超过法定限额，就必须在一定时期内自动削减支出，若出现结余，则用以偿付国债；第四，上述原则五年内实施完毕，每年削减赤字 20%；第五，上述原则只有在国会两院以 2/3 票数通过并经总统批准，才能予以暂停实施。美国国会参众两院曾在 1986 年、1994 年、1995 年先后就此议题投票表决，因未能获得所需的三分之二的票数而作罢。不过，这一运动的理念却得到了很多人的认同，即设法恢复以税收牺牲来约束支出欲望的做法，来控制国家制造赤字的冲动。

国家是以公共权力为核心的共同体，人们对于国家总是又爱又恨。所有的人都知道，“如果国家强大，它就会摧毁我们；如果它柔弱，我们也要死亡”。那么如何让国家，这个霍布斯所说的利维坦，变得有利于人类的生存与繁荣呢？在诺贝尔经济学奖获得者布坎南（1919—2013）看来，一个不能任意用钱的政府一定是得到有效约束的政府。因此至少可以用一种力量来约束利维坦，让它变得为我们所用，那就是钱包的力量。他建议，要把一些财政条款（包括上面说的平衡预算条款）列入宪法中，用宪法规则的至上地位来约束政府的征税与开支行为。

平衡预算运动与布坎南思想，反映了长久以来西方财政中的一项智慧，那就是用钱包的力量约束庞大的利维坦，就像消费者用钱包内的余额来约束自己的消费欲望一样。

钱包的力量

本书“财政转型”“税收谈判”两篇曾说过，在现代税收产生以前，西方国家获得财政收入主要依靠自己的（王室的）财产收入，国家的（君主的）财产及其收益情况约束了开支的大小和行动的范围。那时税收是偶然的，只起补充作用，而且只在战争或其他原因导致财政困难时，君主才会向臣民征税。到中世纪晚期，传统以财产收入（王室土地收入）为主要形式的财政收入结构，已不能满足国家的军事、民政支出需要，于是不得不开始大量地、经常地征税。这样西方国家（君主）就从依靠自己的收入过活，转型为依赖于纳税人的收入和财产获取税收。此时，若不能控制政府的征税权力，就会严重地侵害纳税人的财产。也正因为如此，纳税人有强烈的愿望去制约政府的征税权力，这种制约首先表现为要求召开等级会议，由会议代表去仔细审查政府支出的要求；只有在同意支出项目与金额的基础上，与会代表和国王才一起制定征税法案。为了稳定地取得财政收入，国王往往会承认和保护纳税人的私有财产权利，同意纳税人通过议会来约束和监督自己的支出权与征税权。如前所述，对国王钱包的控制在英国做得比较好，由此代议制机构不断成熟，国家与民众的利益实现共容。而在法国等国家，对国王钱包的控制就做得不好，代议机构的发展也相对比较缓慢，甚至出现了停滞与倒退。

当然，在国家间竞争与相互模仿的作用下，西方世界最终都做到了借由控制政府钱包来控制政府行为。纳税人以缴纳税款为代价，让政府有力量提供秩序、保护权利，但也借此机会（通过代议机构）监督和制约政府的行为。钱包的力量通过代议制机构的运行而发挥，政府的行为得到有效控制，利维坦也因此被约束。为了配合纳税人控制政府征税权，一系列选举投票、议会议事、审查监督的规则在实践中诞生，并形成西方的基本政治制度。由此可见，西方国家现代税收的形成与现代国家制度的出现是紧密相连的：没有现代税收，没有征税权受纳税人的控制，也就无所谓现代国家制度；破坏了现代税收制度，也就是破坏了现代国家制度。

所以，在瑞典财政学家维克塞尔（1851—1926）看来，代议制机构中的税收-支出联合决策是正义税收与现代民主的可靠制度支柱。他强调，正义的税收制度应该让民众自行衡量“公共支出带来的好处和自己因此承担的税负”是否相称，由民众自己或选出来的代表来主观感觉所纳税收是否物有所值，并决定要不要增加税收来购买更多的公共服务。为此他建议：税收与支出法案必须同时提交表决；地方性财政支出与地方性税收，直接由相关民众通过投票决定，由他们来考虑是否愿意为开支计划缴纳相应税收；全国性财政支出与全国性税收，由民众的代表在代议机构通过投票表示是否同意，若有增加支出的议案就一定要配合增加税收的议案；所有的决定应尽可能采用接近于一致同意的原则，以免对受益不大的少数人造成税收剥削。与此同时，他还要求，各项财政支出之间也要进行比较与选择，要尽量剔除收益小的支出项目，以求得总体收益的最大化：理论上，各项支出的最后一块钱产生的收益即边际收益应该相等。

公债使得钱包的力量失效

不过，作为财政学家的布坎南也注意到，在第二次世界大战后，由于巨大的社会福利开支的存在，西方国家的公共支出不断增长，公共部门因此膨胀，原来设想的用钱包力量来约束利维坦似乎已不可行，国家的权力不断地扩大。他给予的解释是，在民主制度下，由于中低收入阶层掌握着选票的力量，他们更愿意投票支持养老、医疗、社会救济等领域的福利开支，可是在累进税制下中低收入阶层很少承担或几乎不承担税负。这样一来，以税收牺牲控制支出欲望的想法也就落空，财政谨慎原则于是被抛弃。

布坎南想说的是，在现代普选民主制度下，民众一方面愿意增加福利性质的公共支出，另一方面又不愿意缴纳税收，由此带来了现代国家内在的深刻财政危机。他说，“政府面临着无穷无尽的人们认为是应该得到的各种各样的要求权，同时政府无法获得足够的税收收入去满足这种要求权，政府甚至不能满足最低水平的建设基础设施的需要”。那么，现实中是如何做到既扩大福利开支又不缴纳税收的呢？答案在于大量发行公债。换言之，公债代替税收成为重要的融资手段，进而造成原来的税收-支出之间的联系破裂：增加开支，不增收新税。于是，用来约束政府权力的钱包就失去了力量。

作为弥补赤字的手段，公债有一个特点就是可以通过发新债还旧债，从而将还债日期无限期地向后拖延。这就产生了两个后果。后果之一是，政府（任期有限的政府）没有还债和平衡预算的动力，而是想方设法地将还债负担转移给以后的政府。后果之二是，纳税人由于财政幻觉等原因，不但不会去约束政府扩大开支的计划，反而支持其扩大，最终赋予政府过多的资金和过大的权力，使政府的赤字倾向合法化。这里说的财政幻觉，意思是说：对于购买当期公债的债权人来说，购买公债只是投资行为，预期可以获取利息而没有牺牲；对于所有的纳税人来说，发行公债可以在不增加税收负担的情况下享受政府扩大开支带来的好处。因此，个人会错误地感觉自己承受的负担（比实际的）轻、获得的收益（比实际的价值）大。由此可见，公债发行撕裂了税收-支出间的纽带：政府发行公债获取资金提供福利，受益者是当前的人，偿还者却是未来的纳税人。这样一来，公民对福利支出的需求再也没有税收压力的约束，支出需求自然会进一步地膨胀。正如布坎南所说，“在负债财政的情况下，这些项目极有可能被人们接受。这样，通过提高预算，扩大公众之间收入的转移，就会削弱对开支项目的敌对情绪”。

然而，负债财政并不会因为财政幻觉存在就改变了它在经济上和政治上的实际后果。公债的经济后果主要是，公债的存在会推升市场利率水平、威胁金融的稳定，并造成投资机会的减少。公债的政治后果是，它让财政预算避开了制度约束，会使公民通过正常的程序控制政府行为的能力越来越小，制度的约束作用遭到破坏，最终公民再也不能防止拥有强权的政府肆意干涉私人权利。在公债越来越多地代替税收成为财政的重要收入形式时，民主制度的稳定也受到了威胁。正像布坎南所描述的，在美国这样的民主国家“好像正在同时从不同的方向陷入无政府的混乱以及失控的庞大的政府机构给我们带来的强制”。

布坎南还强调了公债可能造成的道德败坏。在他看来，公债有自我延续、自我加强的一面：“关于公债的基本逻辑以及关于民主决策过程的基本分析告诉我们，如果道德的与（或）体制上的约束条件受到干预，那么政府与社会就会产生公债，而公债一旦出现，就从来不会偿还。”由于政治家有意无意地不承担偿还公债的责任，而用公债资金支持日益庞大的公共部门，于是造成社会道德的败坏：“在私人行为和公共行为中我们观察到的大量道德败坏现象，究其根源就是相对于整个经济，公共部门规模过度膨胀。”

总之，以布坎南为首的财政学家们认为，对财政赤字和政府公债的大规模扩张熟视无睹是一种危险的态度。要保障今天的民主制度，就必须控制政府赤字与公债的增长；只有控制住政府的钱包，才能约束住利维坦的力量。

财政立宪方案

面对公债引发的问题，布坎南认为必须进行有效的财政改革。而要进行这样的改革，就需要采取两个措施：一是要认识到确立一个独立于政府行为之外的有关财政的宪法准则的必要性；二是通过明确地重新确立财政账户的收支平衡原则来有效地控制公共开支。总之就是，“需要一个既合法又具有道德约束力的宪法准则，并明确写入美国宪法的文件之中”，从而用财政立宪的手段来约束福利开支的增长和利维坦的力量。布坎南认为，之所以需要财政立宪，是因为只有在立宪阶段，人们才能超脱于一时一地之争，而专注于规则的公平和正义。换言之，只有在此时达成的有关政府财政收支的规则，才能真正地发挥约束政府行为的目的，而不会受制于一时一地状况的影响。

布坎南所主张的财政立宪思想，内容上大致包括以下几个方面。

（1）平衡预算的宪法约束。布坎南强烈反对周期平衡和“充分就业平衡”的凯恩斯主义政策，主张保持预算平衡，以财政收入的有限性来约束政府的行为。他一再指出，目前的政治运作过程倾向于创造赤字和公债，而公债让政府行为缺乏真正的有效约束。因此，必须在宪法上增加要求平衡预算的条款。与此同时，还应设立能起特殊调节作用的具体规则，一旦支出与税收的变化超出平衡界限，这个机制便会自动反应促使预算恢复平衡。所谓具体规则，包括调节税率、调节支出，或同时调节这两者。调节税率以适应支出，可能会导致公共部门扩大，所以更可取的是调节支出以适应既定税收结构，即预算支出超过收入一定界限时，支出就会自动削减，以控制赤字。这不仅可以有效抑制公共部门的扩张，同时也产生有利于私人部门的资源配置。最简单的做法是，一旦预算缺口超过某一预定限额时，就全面缩减预算支出项目；复杂一点的做法是，以平衡为原则，逐一设置各支出项目限额，视其超过与否决定是否缩减。

（2）税制的立宪选择。布坎南认为，财政支出的构成与规模决策，应在财政决策的日常运行过程中做出；而税收结构与水平的决策，应在立宪阶段就做出，一旦确定就应相对稳定，从而为之后所有的公共支出提供资金，用相对固定的收入来控制财政支出的日常安排。在立宪阶段就确立税制，既可以使纳税人对未来税负有比较准确的预期，又可以防止特殊利益集团操纵日常决策程序来剥削他人。这是因为，在立宪阶段每个人对未来可能仍处于理性无知状态，如此纳税人才会公正地支持一个最佳税收结构方案，这样的税制也才可能是公正合理的。布坎南引用哈耶克主张的“按照普遍性原则制定的法律制度是自由社会的必要特征”理论来论证说，“如果大多数政治决策，包括与税收和财政支出有关的政治决策，普遍适用于——也就是无歧视——政治社会中所有的阶层和团体，那么现代分配政策被极度滥用的现象也许会销声匿迹”。

（3）税收与支出的限制。现在的财政制度，没能将税收和支出控制在必要的限度内，也不能反应选民的意愿。由于财政制度对税收与支出缺乏必要的限制，税收方面就会出现财政剥削。因此，布坎南建议对财政收支进行限制，这种限制不是具体的逐一限制，而应是立宪的限制，包括程序限制（通过决策过程间接地限制财政结果）和数量限制（直接限制财政结果）两个方面。在程序限制中，布坎南根据维克塞尔的想法，提出特殊的多数决策规则（即超多数同意或一致同意规则）、支出与税收同时决策、预算平衡、各级政府税收来源和政府职能划分等方法，来避免财政剥削、减弱政府的过度支出倾向。数量限制包括规定支出与税收在GDP中所占的份额（他建议为“25%”）、税基限制、特定税率的直接立宪限制等。

不过要看到，用宪法修正案形式实现预算平衡的建议也遭到了很多人的反对。反对者认为，这样的修正案将会：（1）限制了经济决策者的灵活性，实际上取消了作为管理经济工具的财政政策；（2）改变了“游戏规则”，使社会与经济保守派赢得更多的立法斗争。他们认为，即使通过该修正案，政府也完全可以采取一些会计手段造成平衡的假象，于是所谓的平衡修正案不是“欺骗”就是“灾难”。他们还认为，将一种经济理论写进宪法非同小可，而且平衡预算是一个立法的、政治的而不是宪法的问题，为此他们建议不妨先从制定一般层次的预算法规着手。

如何加强钱包的约束力量

尽管存在着上述反对意见，布坎南仍然主张在宪法中加入财政条款。在此基础上，他还提出了一系列具体的财政主张，以便强化用钱包来约束利维坦的力量。

对于现实中的福利国家，布坎南并不一味地反对。不过，他认为一个具有正当性的福利国家，在制度设计上必须运用哈耶克主张的普遍性原则，因为“按照普遍性原则制定的法律制度是自由社会的必要特征”。基于对普遍性约束规则的信仰，布坎南设计了一种“平税与等补”方案作为福利国家的制度，内容是“对所有的收入征收统一税率税或比例税，同时以人均等额拨款的形式进行转移支付”，他认为“这种做法看起来大体上满足普遍性准则的定义要求”。布坎南的意思是，在这样的福利国家，资金来源于普遍征收的、税率统一的所得税，不允许任何个人或集团享有免税、扣除额、欠税和免征额的待遇，同时按比例征收，以便有效地消除为获得有利的财政待遇或避免不利的财政待遇而进行的投机动机。在此基础上，向所有人（无论贫富）以人均等额拨款的形式进行转移支付，公民以此可以获得财政资金补助的福利。这样做，可以消除财政为特殊集团谋利的动机，而且还可以减少寻租行为，使现代民主过程恢复更多的公共特征。

同样基于普遍性原则，布坎南像哈耶克一样坚决反对累进性个人所得税，认为它给了政治家太多的寻租机会。不过，与哈耶克不同，布坎南并不反对遗产税，认为可以从促进机会平等的角度为遗产税提供辩护。就是说，征收遗产税后，富人的孩子和穷人的孩子会在社会竞争的起点方面变得更公平一些。基于公共选择理论中的寻租理论，布坎南曾经正确预测到1986年美国累进性所得税制改革的结果，这一结果也支持了他对累进税制的反对。他说，“按照公共选择的观点我推测国会已经榨干了租金，国会已经将这些由税法漏洞产生的租金销售出去而获得收入。因此国会能够将所有的漏洞清除干净并且削减税率，然后在更宽的税基上立即开始再次提高税率，这样国会就有机会增加更多的收入，这正是国会所做的事情。第二也是更重要的，一旦国会将过去所有的租金用完，它就能再次销售新租金。”布坎南的意思是，国会之所以赞成累进所得税制，是因为这样可用来提供税收优惠政策来换取部分群体的选票支持（即销售租金），当税收优惠政策越来越多以至于无法再进一步提供时，国会就会同意进行税制改革，取消所有的优惠并降低税率

（宽税基、低税率），然后在此基础上再次提高税率，以取得更多税收，同时又能提供税收优惠（销售新租金）。事实证明，布坎南是对的。

当然，布坎南并没有完全排斥其他的税收和福利项目。比如他不反对向生产、销售物品或服务征税（即商品税），只是要求此类税收要依据普遍性原则的标准来开征，并将它置于统一税率下的相同税率架构之中。除了实行税收与支出的同时决策外，他还建议专款专用的财政制度，以限制政府的剥削行为。他说："有效设计的专款专用制度，可以限制政府——无论它是什么样的政府——剥削纳税公众的程度；可以使政府产生积极的动机提供纳税人所需要的产品和服务。不管决策者是什么样的人，都可以让他保持'忠诚'"。

除了以上方案之外，布坎南还高度赞成通过财政竞争来达到约束政府行为的目的。他认为地方政府之间的竞争是有益的，"在一定的意义上，财政竞争正在给予人们，个人，作为资源的所有者和作为居民，一种退出权。如果拥有一种退出权，如果有机会离开，那么必定对于那些想通过政治结构或官僚结构对你进行剥削的人施加纪律上的约束"。

小结

传统财政学为约束国家提供了一种思路，那就是用钱包的力量来约束政府的行动。面对 1945 年后因福利项目而不断扩大的公共开支和公债，以布坎南为代表的学者感觉到钱包的力量不够了。于是他们建议，在宪法中加入适当的财政条款，以便能恢复纳税人（通过代表）将税收-支出联系在一起进行预算决策的传统，让税收牺牲能够约束支出的欲望。由于他们的建议，社会上兴起了平衡预算的修宪运动。

虽然平衡预算运动存在着值得考虑的反对意见，但支持者也提出了重要的反驳理由，那就是：多年来屡次修订预算法规以降低预算赤字的效果不佳，因此必须将约束力来源由普通的预算法规提高到宪法的层次，才能有效地加强预算决策者的责任感。总体而言，要实现用钱包的力量来约束利维坦，确实需要更多的探索。

财政危机：
何以推动现代国家的进一步发展？

汉语中“危机”一词，既表明了存在危险状况，又指出了改变和发展的机会。在西方走向现代国家的过程中，财政危机的出现也兼有这两个方面的特征。比如，改变法国历史进程乃至西方国家现代发展进程的 1789 年大革命是怎么发生的？英国历史学家理查德·邦尼（1947—2017）的说法是，“财政绝境本身是释放法国大革命能量的重要突发事件”，而美国学者诺伯格则强调，“如果没有财政危机及其允许法国臣民施加于王室的财政压力，就不会发生革命”。确实，财政危机或财政挑战的出现会迫使统治者在行为方面甚至制度方面做出改变，如果这样的改变能够有效地应对危机，国家制度就会发展甚至发生转型，国家也就呈现出成长的态势；当然如果无力应对这些危机，国家机器可能会崩溃，国家的整体发展也就出现停滞。

正因如此，熊彼特特别强调在研究国家转型时重视财政危机的作用。他说，“在用于研究社会转折点或新阶段之时，从财政入手的研究方法效果更为显著；在这样的时期，现存的形式开始殒灭，并转为新的形式，而且在这一时期里原有的财政策略往往会出现危机”。在熊彼特看来，财政危机既是西方社会变化的征兆，又是推动西方社会变化的重要原因。本书在“财政转型”“税收谈判”两篇事实上已经涉及这个命题。

大体上可以说，西方从中世纪领主制国家发展到今天的现代国家，确实存在着财政危机的推动作用。正像霍夫曼和诺伯格在他们主编的《财政危机、自由和代议制政府》一书中评论的：“在财政发展和政治发展的道路上，财政危机都是转折点”。可面对未来，我们会自然地询问另一个问题：当前的现代国家形式有可持续性吗？对这一问题，早在19世纪中叶马克思就基于生产力与生产关系的辩证运动而断言它必然灭亡的命运。与马克思同时或在他之后很长一段时间，就现代国家的未来这一主题来说，也出现了大量的危机论、没落论与崩溃论的预言。接下来我专门从财政危机的角度，来谈谈它对西方现代国家未来可持续发展的影响。

财政危机与西方国家

通常理解的财政危机，就是财政的收不抵支，出现了赤字。但若细加区分的话，财政危机至少有以下三种或者说有三个层次：第一种是收支危机，它就是财政的收不抵支，需要想办法弥补；第二种是制度危机，它不仅表现为长期的收支赤字，而且表现为制度性和根本性的危机，即该财政制度中现有的主要收入类型已无法支持不断攀升的支出；第三种是价值危机，它意味着被统治者（财政义务的承担者）对统治者的财政征收合法性产生怀疑，要求统治者在价值系统方面提供令人满意的解释，或者要求统治者接受被统治者的价值形态。财政的价值危机多数时候会与制度危机、收支危机同时出现，但也可能会单独发生。

只有从这三个层次来理解财政危机，才能明白为什么熊彼特说财政危机既是社会变化的征兆（主要集中于收支危机），又是推动社会变化的原因（主要集中于制度危机与价值危机）。这是因为，只有财政危机发生了，才会引发人们的思考：短期的危机，是提醒人们社会经济运行可能出现问题的信号；长期的制度性危机，则会触发人们对于制度的怀疑，并进而对推翻旧制度、构建新制度提出要求；价值层面的怀疑与危机，需要有新的意识形态说明和合法性的重建，需要统治者与被统治者基于谈判机制不断地互动，解决争论和冲突，推动制度的不断演变。欧洲国家向现代国家转型的动力，正是源出于此。

西方自中世纪以来，内外安全、经济发展、社会弊病等问题层出不穷，引发了上述三个层次的财政危机，要求国家变革财政工具并解决问题、化解危机。在此过程中逐步形成了比较稳定的财政制度，进而形成了国家的三个财政面相：税收国家、生产国家、福利国家。熊彼特在他那篇著名的文章《税收国家的危机》中，比较详细地描述了中世纪晚期财政危机是怎么推动领地国家向税收国家转型的，进而在西方实现了现代国家转型。我在本书中从“税收谈判”至“全民福利”这11篇描述的是，这三个层次财政危机是怎么推动西方国家逐渐变成税收国家、生产国家、福利国家，进而变成今天这个样子的。

从全球角度来看，西方是率先实现现代国家转型的地方。可是，从中世纪领主制国家发展而来的这种现代国家，能持续发展下去吗？是不是有新的财政危机，会推动它的进一步发展？

税收国家的危机

从财政上看，现代国家首先表现为税收国家。可是早在1917年，奥地利财政学者葛德雪就从财政方面预言了税收国家的危机以及现代资产阶级国家的不可持续。葛德雪认为，从中世纪领主经济中成长起来的现代国家，因为被剥夺了财产而在财政上不得不依靠来自资本主义经济的税收。于是，这样一种没有财产的贫穷国家就很容易被资产阶级操控，以私人资本家与金融寡头集团为首的资产阶级也因此成为“国中之国”，利用国家组织来增加自己的利润并扩大手中的权力。在财政上，如果不能改变目前税收国家的现状，不想办法将财产还给国家，那么国家就是最贫困的组织，只能通过间接手段（即税收）来获取资源。这样的国家无力满足甚至最为紧迫的社会需求。于是，国家事实上处于严重的危机之中，因为它受到普遍性的敌视：“那些掌权的人敌视国家，因为很自然地他们希望国家保持经济上的弱势地位，这样就不会从自己身上过多地征税；那些贫穷的人也敌视国家，因为在自己贫弱之时它无法给予只有共同体才能给的帮助”。

葛德雪给出的解决方法是把财产还给国家，让国家用自己财产创造的收入来帮助穷人。但是20世纪生产国家的实践证明，国家并没有经营财产并进而获利的能力。因此，葛德雪提出了正确的问题（税收国家可能存在危机），但给出的方案是行不通的。

1918年，受葛德雪上述研究的启发，熊彼特再次阐发了税收国家的危机。在他看来，从中世纪领主经济中逐渐诞生的税收国家，在收入上是有限的。这是因为，如果它主要依靠间接税的话，间接税能提供的最大收入是有限度的，越过此限度，间接税收入就会降低；如果它主要依靠向企业利润征税的话也有限度，因为超出一定限度，直接税的税收压力将伤害甚至摧毁征税的对象，大大延缓产业发展的进程；国家对个人收入征税也是有限度的，因为此种税收会阻碍资本形成、挫伤经济活动的积极性；国家靠自己经营取得利润或者借债也是靠不住的，这是由于国家经营能力有限、垄断会剥削民众或者有其他的原因。在这种情况下，熊彼特说，“国家的财政能力有其界限，它的含义不证自明”。可是，人民的意愿总是要求越来越高的公共支出，“如果有越来越多的权力被用来支持这种意愿，以及最终如果关于私人财产与生活方式的全新思想掌握了所有阶层的人民，那么税收国家就将走完全程”，税收国家将会因此崩溃。熊彼特强调说，战争（特别是熊彼特写作时即将结束的第一次世界大战）未必会摧毁税收国家，在战争废墟上完全可能重建税收国家；真正摧毁税收国家的，是充满竞争精神的资本主义经济完成其历史使命，那样的话在现实中就会出现不可避免的经济发展放缓。在此时，私人企业失去了存在的社会意义，税收国家也就真正地走向终结。

从今天看，熊彼特预言的税收国家征税困难是正确的，但他所说的资本主义经济中竞争性消失和税收国家因此崩溃，在可见的将来应该还不会出现。在现实经济中竞争性如果消失的话，那唯一的可能是来自大规模的政府管制和行政垄断。为此需要做的是，约束生产国家的范围，进一步强调市场竞争和放松管制，以及限制公共生产的规模。

福利国家的危机

在 20 世纪逐渐成长起来的福利国家，也一再受到学者们的警告，认为它出现了严重的危机甚至即将要崩溃。

右派学者认为，主要由福利给付构成的财政支出长期超过已大大提高了的税收，从而使财政出现了巨额的赤字和长期不可逆的债务。公债的存在推升了市场利率水平、威胁了金融的稳定并造成投资机会的减少；为支持高福利而征收的高税收，抑制了资本投资的动力、阻碍了市场正确有效地发挥作用；高福利还降低了劳动力的流动、放松了劳动纪律，促成了人的惰性。《福利国家之后》一书基本反映了他们的观点，在他们看来，“福利国家应当为目前的两个危机负责：金融危机放缓甚至逆转了经济增长，并让全世界各经济体深陷泥潭；而债务危机正在影响欧洲、美国和其他一些国家”。他们认为，福利国家让福利依赖者掠夺勤劳有创造力的人，同时它“创造出一次又一次的危机，每一次危机都是一个愚蠢政策的意外结果，这些政策因为政治原因而被政客采纳，但他们不用承担自己政策的后果”。因此，如果政府不改弦易辙，放弃福利国家（国家最多只承担济贫责任），或者至少像布坎南建议的那样，用宪法规则来约束支出与税收的增长，那么福利国家的危机与现代国家的崩溃是不可避免的。不过，需要补充的是，这些学者所分析的主要是美国式福利国家，由于受选民约束无法降低福利开支，却又在资本要求下不断地减税，于是造成公债不断上升的局面。相比之下，高税收高福利的北欧国家反而是经济增长能力强、公债水平低。当然，并不能说北欧国家就没有问题，它们的税收压力始终很大、对政府管理宏观经济与提供公共服务（教育培训、儿童与老人照顾等）的能力又要求特别高，这样的福利模式能否持续也有待观察。

左派学者如詹姆斯·奥康纳等人，从另一个角度预言了福利国家的危机及其崩溃的命运。在《国家的财政危机》一书中，奥康纳阐述了国家要同时完成资本积累和合法化两个目标时遭遇的困境：国家既要为资本集中的垄断产业部门的资本家承担大量的社会化成本，如提供基础设施、实施城市改造、治理环境污染、资助科学研究等，以完成资本积累的使命；又要为劳动力集中的竞争产业部门中长期领取低廉工资的劳动力提供福利救济，以实现政权的合法性。可是，国家没办法从资本增值中增加税收（会受到资本家的抵制以及资本外流的影响），又不可能从收入低微的劳动者身上获得税收（税负大多会转嫁到他们身上，但他们的负担能力低，甚至需要国家为他们花费更多的支出），而国有化和国有企业发展通常并不能产生盈余，国家举债收入也有限，通货膨胀的结果会推高利率从而增加联邦债务的还本付息负担。于是，财政支出的巨大与财政收入（税收、国企利润、公债、通货膨胀等收入）的有限，注定了现代国家要陷入深重的财政危机之中，表现为要么财政破产（国家丧失合法性），要么公债额攀升（把财政危机延至将来）。那么，国家的财政危机能最终通过增加税收来解决吗？奥康纳的答案是否定的，因为“一旦纳税人的政治和社会抵制严重到政府无法强制增加税负的程度，税收就会实际达到极限”。总之，在奥康纳看来，目前的现代国家将因财政危机而无法持续，解决国家财政危机的前景在于让现代国家向更高阶段转型或者说升级。不过，需要指出的是，奥康纳批评的对象同样更多指的是美国式福利国家，因为北欧国家正是依靠高税收来解决高福利问题的。

预算国家的危机

日本学者大岛通义从另一个角度即财政管理方面探讨了现代国家的危机。他认为，从中世纪领主国家成长起来的税收国家，之所以具有正当性或者说获得人民的认同，是因为采用了严格的预算管理形式，即由民众选举产生的代议机构（议会）对征税行为与支出安排进行了严格的管控，从而在制度上可以落实预算责任。他把这种可以落实预算责任的国家，称为“预算国家”。

可是在当今所有的现代国家中，都出现了一种明显的趋势，那就是议会对财政的管控越来越形同虚设。这是因为，随着常任制官僚从事的公共管理活动以及他们掌握的预算技术日益复杂，议会议员很难真正明白预算安排，也因此事实上很难再发挥真正的管控作用。而且，由于不受议会监控的中央银行活动范围扩大、各种中间组织为政府分担事务与责任、国家主权多元化（对地方分权、向跨国组织转移权力）、代际间负担转移等，预算的责任事实上无法真正地落实。就是说，仅靠议会监控的预算管理活动，事实上无法实现民众对政府的真正控制。于是，现代国家原来具有的公共性开始崩溃（或者至少出现了动摇），落实预算责任成了奢望，预算国家最终陷入严重的正当性（或认同性）危机之中。大岛先生的原话是，“预算国家的危机的根本在哪里？在于国民对政府行为的‘谅解’发生了动摇，并逐渐地崩溃。我们经常会提到‘财政的可持续性’，而财政的可持续性问题中最大的威胁正在这种‘谅解’的动摇”。

大岛通义先生对预算国家危机的警告，是值得高度重视的。挽救这样的危机，显然需要预算制度以及运行预算程序的代议制机构进一步改革，以提升民主性、加强政府对民众的责任性。

财政制度与国家成长

确实存在着现代国家的可持续发展危机吗？应该说，以上从财政角度概述的几种危机，在一定程度上确实存在。但是化解这样的危机并谋求现代国家的进一步发展，可能仍然脱离不了财政制度的帮助以及对国家制度进一步地构造。因此，财政危机的存在，仍将成为推动现代国家成长的动因。

人的伟大在于创造并驯化了国家，人的幸福也有赖于被驯化的国家。像古典自由主义者说的那样尽可能地限制国家权力的作用，也许并非可取之道。重要的是，如何进一步构建有效且合法的国家，在既服务又支配社会的过程中，为人类自由的实现提供越来越大的可能。正像卡尔·波兰尼在批评自由主义经济学时说的，自由主义经济学幻想只要摆脱权力干预，市场就能为人类带来自由，但是“没有权力和强制存在的社会是不可能的，没有强力作用的世界也是不可能的”。而且，权力及其施加的强制实际上“是扩大和加强自由的唯一手段”，这是因为“规制和控制不只是使少数人，而是使所有人获得自由”。波兰尼点出的自由与权力的辩证关系仍值得高度重视：“只要他是真诚地试图为所有人创造更多的自由，他就无须惧怕权力或计划会转而与他作对，并毁坏他以它们为工具正在建立的自由。这正是在一个复杂社会里自由的涵义，它给了我们所有我们需要的确定性。”这样的看法，同样可以用来描述财政制度在西方自中世纪以来国家制度成长中的作用，也可依此期许未来财政制度所能发挥的作用。

在现代国家的未来发展中，财政制度将继续为化解或至少缓解现代国家中存在的问题服务，并为人的生存繁荣与自由发展发挥作用。至于在此过程中，最终会诞生出什么样的国家制度，目前的税收国家、生产国家与福利国家等制度是否会继续存在、在财政上何时会出现现代国家的终结，尚未可知。正如马克思所强调的："无论哪一个社会形态，在它所能容纳的全部生产力发挥出来以前，是决不会灭亡的；而新的更高的生产关系，在它的物质存在条件在旧社会的胎胞里成熟以前，是决不会出现的。所以人类始终只提出自己能够解决的任务……"

结束语

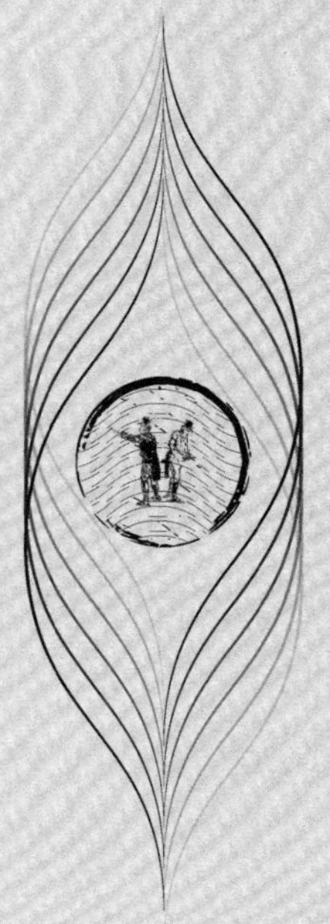

财政智慧：

他山之石，可以攻玉

在这本书中，除导论和结束语外，我一共提炼了西方财政史上 15 个关键词，然后解答其中包含的财政政治问题，以便展示西方世界在走向现代国家的进程中凝结出来的财政智慧。中国正行进在走向现代国家的道路上，既有几千年传统智慧又有数十年成功经验供我们开拓前行时借鉴，这固然值得欣喜，但没有理由轻视或忽视来自西方的财政智慧。汲取他者的智慧，并不影响我们的文化自信和道路自信。事实上，在这二百年左右中国现代化的进程中，虽不能说“好东西都是从西方来的”，但我们确实从已率先发展的西方受惠良多，这应该是无法否认的事实。而且无论何时，谦虚谨慎的学习态度总是对的。

接下来，我把本书的内容概括一下，看看我们能从已实现现代化的西方进程中得到什么样的财政智慧。

1. 现代国家在财政上的首要特征是税收国家而非财产国家。税收国家意味着国家是靠民众的财产与收入养活的而不是靠国家自己的财产，因此国家征税必须赢得民众的同意、接受民众的审议监督，这样的国家才能最大程度地体现权力的公共性。

2. 税收谈判是西方走向现代国家的重要动力。征税能增强国家的能力，但却是对民众私人财产的一种“侵犯”。征税方与纳税人在代议机构中经谈判然后达成双方都赞成的征税方式与支出目的，有利于国家与民众之间形成共容的利益。

3. 在国家制度成长过程中，相互的学习和及时的变革都是必要的。英国的财政革命是向荷兰学习的结果，但也努力克服了对方税负平等性不够、代议机构代表性不足、中央层次财政集中度太低的弊病，并因此取得了更大的成就。

4. 税收国家的发展依赖于征税正当性的论证。征税方给出纳税人能够接受的征收理由，对于达成纳税同意来说至关重要。来自社会契约理论的理由最契合现代的商业环境和个人的自主意识，因此它成为税收国家的主要正当性理论。

5. 只有民主才能真正实现征税的正当性。只有让民众向自己征税，才能克服征税权与财产权不一带来的悖论；只有政府服从公意的国家，才是民主国家；只有竞争性地利益表达与意见陈述，才有可能最大限度地达成公意。

6. 公平征税的实现，最终是民主问题而不是技术问题。为了实现税负平等，虽然我们在税率、税负分配方式、税基等多方面，可以在管理技术和制度细节方面做出努力，但最终是否实现平等有赖于民众自己或者经由代议机构来表达主观感觉。

7. 征税与税收谈判对于当今发展中国家实现制度现代化仍有积极意义。税收推动代议制发展是来自西欧的经验，今天的发展中国家仍可以从对国内贸易、劳动收入、流动资本征税中获得制度进步的动力与国家治理的红利，而来自非税收入尤其特别租金（自然资源与外援）的收入长期来说对现代国家构建不利。

8. 国家具有生产性，但应警惕生产国家范围的扩大。在微观资源配置、宏观经济稳定、长期经济发展等方面，国家可以发挥生产性作用，但应该相信市场机制的有效性、私人产权的重要性和国家干预机制的失灵性。

9. 私人财产权在现代国家具有正义性，是人的自由的一部分。为此私人生产应该是主导性生产方式，它也是激励经济主体在从事经济活动时承担风险的主要机制。只是财产权的神圣性并不能得到理论的证明，经由立法机关的行动可以对私人财产权的范围与收益进行一定的调节，以便为干预经济、提供福利而征税。

10. 济贫不是国家给民众的恩惠而是民众应得的权利。贫穷是社会的果实而非穷人本性所致，国家在理念上具有善的本质，因此国家应该发展福利制度，拯救穷人的制度应该从单纯的针对匮乏给钱给物，变为针对贫困根源而提供普遍性的福利保障。

11. 依靠工薪税等资金来源建立起来的福利制度，同样可以是服务资本的工具。美国的经验表明，福利国家建设并不违背自由而是对它的一种发展，从长期看福利保障不仅有助于穷人和劳动者，而且有助于资本长期的增值。

12. 全民福利具有劳动解放的效果。全民福利制度让劳动者的部分生活摆脱市场的控制，而交由政治来处置、由财政来保障，从而使劳动力在一定程度上摆脱商品化的境地。以瑞典为代表的全民福利制度是一种高税收高福利制度，它在运行时表现出较好的经济增长、更低的赤字水平、高度的劳动参与等结果。

13. 良好的政党财政制度设计，是现代政党政治顺利运行的关键。在捐赠型和国家补贴型两种政党财政制度之间，应取得适当的平衡，以便既能让政党以有利的政策或有吸引力的候选人来获取选民的金钱支持，又能尽力避免金钱对政治的腐化作用。政党财政制度还需要有意识地支持挑战者，以加强选举的竞争性。

14. 公债的出现，使得用钱包力量约束国家行为的传统失效。财政立宪主义主张，应该在宪法中加入适当的财政条款，以便能恢复纳税人（通过代表）将税收—支出联系在一起进行预算决策的传统，让税收牺牲能够约束支出的欲望。

15. 善用财政危机可以给国家制度变革带来机会。在西方历史上，财政危机推动了它们的现代国家制度建设取得重要进展，而目前在税收国家、福利国家、预算国家等领域存在的各种财政危机，仍能推动它们在现代国家建设方面更进一步。

用财政的眼光考察西方走向现代国家的历程，还有一个重要启示是：绝不能忽视观念的力量。经济学在思考制度变革与历史发展时，常常过分重视利益的导向作用，忽视观念对于当时当地行动者在思考制度弊病、选择制度方案时的重要引导作用。就像马克斯·韦伯强调过的，“理念所创造出来的‘世界图景’却经常像扳道夫那样，决定各种利益的互动所推动的人类行为在哪条轨道上前进”。从本书内容可以看到，自由、民主、正义等理念的存在以及顺应时代的发展，是西方国家在财政上先后成长为税收国家、生产国家、福利国家的重要原因。

“君子生非异也，善假于物也。”要在中国实现现代国家转型，善于向别人学习，向已成为现代国家的西方学习财政智慧，是应有之义、当为之事。

进一步阅读文献

按 本书作为通俗性的精编版，略去了所有参考文献来源的注释。若想获取本书引用内容的文献来源，可以参考《国家的财政面相》（上海远东出版社 2022 年版）一书的相应章节。此外，“政党财政”这一篇的内容来自刘守刚、郝煜华：《政党政治的财政基础——政党财政类型的比较分析》，《上海财经大学学报（哲学社会科学版）》2008 年第 6 期。以下是本书提到的值得进一步阅读的部分书目，供有兴趣的读者参考使用。

[1] 托马斯·埃特曼著：《利维坦的诞生》，郭台辉译，上海人民出版社 2010 年版

[2] 詹姆斯·奥康纳著：《国家的财政危机》，沈国华译，上海财经大学出版社 2017 年版

[3] 卡尔·波兰尼著：《大转型：我们时代的政治与经济起源》，冯钢、刘阳译，浙江人民出版社 2007 年版

[4] 詹姆斯·布坎南、理查德·瓦格纳著：《赤字中的民主》，

刘廷安、罗光译，北京经济学院出版社 1988 年版
[5] 大岛通义著：《预算国家的“危机”——从财政社会学看日本》，徐一睿译，上海财经大学出版社 2019 年版
[6] 罗伯特·达尔著：《民主理论的前言》，顾昕、朱丹译，生活·读书·新知三联书店 1999 年版
[7] 高锋、时红编译：《瑞典社会民主主义模式——述评与文献》，中央编译出版社 2009 年版
[8] 葛德雪：《财政问题的社会学研究路径》，载于《财政理论史上的经典文献》，刘守刚、王晓丹译，上海财经大学出版社 2015 年版
[9] 弗里德里希·冯·哈耶克著：《致命的自负：社会主义的谬误》，冯克利、胡晋华译，中国社会科学出版社 2000 年出版
[10] 黑格尔著：《法哲学原理》，范扬、张企泰译，商务印书馆 1961 年版
[11] 霍布斯著：《利维坦》，黎思复、黎廷弼译，商务印书馆 1985 年版
[12] 哈罗德·M. 格罗夫斯著：《税收哲人》，刘守刚、刘雪梅译，上海财经大学出版社 2018 年版
[13] 加尔布雷思著：《权力的分析》，陶远华、苏世军译，河北人民出版社 1988 版
[14] 约翰·梅纳德·凯恩斯著：《就业利息和货币通论》，徐毓枬译，商务印书馆 1983 年版
[15] 卢梭著：《社会契约论》，何兆武译，商务印书馆 1980 年版

[16] 洛克著：《政府论》（下篇），叶启芳、瞿菊农译，商务印书馆 1964 年版

[17] 道格拉斯·诺斯、罗伯斯·托马斯著：《西方世界的兴起》，厉以平、蔡磊译，华夏出版社 1999 年版

[18] 汤姆·戈·帕尔默编：《福利国家之后》，熊越、李扬、董子云等译，海南出版社 2017 年版

[19] 理查德·派普斯著：《财产论》，蒋琳琦译，经济科学出版社 2003 年版

[20] 钱满素著：《美国自由主义的历史变迁》，生活·读书·新知三联书店出版社 2006 年版

[21] 斯坦因：《论税收》，载于《财政理论史上的经典文献》，刘守刚、王晓丹译，上海财经大学出版社 2015 年版

[22] 马丁·唐顿著：《信任利维坦：英国的税收政治学（1799～1914）》，魏陆译，上海财经大学出版社 2018 年版

[23] 托克维尔著：《论美国的民主》，董果良译，商务印书馆 1988 年版

[24] 约瑟夫·熊彼特著：《资本主义、社会主义与民主》，吴良健译，商务印书馆 1999 年版

[25] 约瑟夫·熊彼特：《税收国家的危机》，刘志广、刘守刚译，载于刘守刚、刘志广编：《财政政治的视界：缘起与发展》，上海远东出版社 2022 年版

[26] 赵辉兵著：《美国进步主义政治思潮与实践研究》，中国社会科学出版社 2013 年版

附录：疫情防控与国家财政

（《燕京书评》访谈问答）

按 2022 年 6 月，我国仍处于疫情防控的关键期。《燕京书评》的张弘老师就疫情防控与国家财政之间的关系，对我进行了访谈。我并非卫生政策专家，所以只能就自己的研究领域尽力给予回答。鉴于访谈内容多处与本书相关，我把这些文字放在附录中，供有兴趣的朋友用来进一步理解《何以现代》一书的内容。在下文中，问的部分由张弘老师提出，而答的部分则由我给出。

1. 问：显而易见的是，政府的所有收入都来自纳税人。面对全球性新冠疫情传播，政府在经济上有两种措施：第一种是政府给民众发放大量补贴（钱），然后用税收或者发行国债来填补这一空缺；第二种是政府利用国家权力实施抗疫，只负担强制或半强制性行为的费用，民众的其他损失由自己承担。从财政学角度，你怎样看待这样的做法？这种行为的逻辑是怎样的？

两者在财政支出上各有什么优劣？

答：我个人研究的主要领域是财政思想史，既不是卫生防疫专家也不擅长现实政策分析。对你的问题，我只能纳入财政思想史的框架中加以思考，提出一些能帮助分析现实政策的思维框架与评价模式。

我看到有学者从外部性这个术语来理解疫情防控的必要性，从新冠病毒具有外溢性来说这样的理解是可以的。不过，在我看来用财政学上的“有益品”（中文又译作“优值品”）概念来分析更为准确，它由德裔美国学者马斯格雷夫提出。马斯格雷夫说的有益品指的是这样一种产品，对消费者而言它的真实消费效用高于消费者认识到的效用。人们经常举的有益品例子就是汽车安全带，它可能带给消费者的效用是100，但消费者可能认识到的效用只有20；这么一来，有80的效用，消费者享受到了但并未认识到。马斯格雷夫认为，这样的有益品若要有效配置，就应该要求消费者对认识到的效用自己付费，对未认识到的部分可以有两种办法：一个办法是给消费者补贴，鼓励他的使用；另一个办法是强制，比如现实中强制要求汽车驾驶员佩带安全带。

显然，从财政学看，疫情防控就符合马斯格雷夫所说的有益品概念。就是说，它产生的效用一部分被消费者认识到，还有一部分消费者可能没认识到。对于前者，我们能够看到在疫情期间有许多人愿意承担起戴口罩、勤洗手、少聚集的成本并进而享受由此带来的收益。对于后者，有的国家由政府通过发放补贴，引导（当然一定程度上也有强制）民众居家隔离，还有一些国家由政府通过强制措施要求民众居家隔离，认为这么做带来的效用足以补偿承担的成本。

不过，对于马斯格雷夫提出的这个概念，学术界的反对声音非常大。比如诺贝尔经济学奖获得者布坎南教授就表示，他从来都不能理解有益品是什么意思。对此主要有两个批评：（1）消费者不能认识的效用，谁有资格和能力来认识？（2）如果说用补贴来诱导消费有一定合法性的话，那么强制消费的合法性明显不足。

为什么马斯格雷夫会提出这么一个争议大的概念？这个概念是综合英美传统财政学中的“公共产品”概念和德国传统财政学中的“公共欲求”概念提出来的。公共产品概念是英美财政学借用欧陆学者的概念形成的，它从产品的性质和消费者个人出发来理解政府的行动。就是说，在消费者消费的商品中有一种比较特别，在性质上具有非竞争性（别人消费该产品不影响我同时消费该产品）和非排斥性（无法把别的消费者排除在消费过程之外）。自利主义的消费者，不愿意购买公共产品，都想等别人购买公共产品后自己免费享用（还不影响购买者），这样的结果是没有人出面购买公共产品。从效率上来说，财政学主张由政府免费提供公共产品。但公共产品理论的难题是，既然消费者不愿意披露自己对公共产品的偏好，那么政府又如何知道基于消费者个人偏好形成的公共产品需求呢？德国传统财政学的“公共欲求”概念说的是，每个人都有自己的欲求，而由个人经特定结构组成的国家也有自己（独立于个人）的欲求，即公共欲求；这样的公共欲求并非源自商品性质和个人，而来自作为集体的国家对某些产品或服务的需要。这个概念的优点是，形成公共欲求不需要了解消费者的偏好（也无从了解），由此克服了英美传统财政学的困难。但理论上的难题依然存在，那就是怎么才能知道公共欲求不是政府决策者个人欲求的伪装，或者干脆就是一种幻觉和错误决策？

于是马斯格雷夫提出有益品概念，一方面吸取了公共产品的优点，即从产品性质和消费者个人需求出发来理解政府的服务，另一方面吸取了公共欲求的优点，认为有一些欲求不需要依赖于消费者个人需求的加总而可以独立判断。至于前面说到的对有益品的两个批评，他的大致回应是：通过民主程序产生的政府可以代替消费者，估算某些商品所具有的消费者认识不到的效用，并设法让消费者消费甚至强制他们消费，即以民主政府的产生过程及其合法性来保证强制消费有益品的能力与资格。

应该说，马斯格雷夫的这个概念确实可以作为一个有效的分析工具，用来理解诸如疫情防控、汽车安全带、养老金公共储蓄等现行带有强制性的众多公共政策。不过，他的回答恐怕还是不能说服布坎南这样始终对政府抱有警惕之心的学者。在他们看来，有益品理论事实上可以为政府做任何事情大开方便之门，只要宣布这件事情具有消费者认识不到的效用即可；而一个任何事情都能做的政府，哪怕它一开始是民主的，最终也会因权力的不断扩张而成为一个不民主的政府。

以上是从财政学有益品理论来回答你所问的疫情防控的逻辑。具体回到疫情防控，政府的补贴和强制两种方式在财政支出方面的优劣。从财政视角来看，这里主要涉及两种方式在资源配置效率（成本高低比较）和收入分配公平两方面的问题。

从疫情防控的直接成本来说，政府补贴比起强制民众居家隔离来说显然更高。政府补贴需要政府拿出真金白银，通过行政渠道甄别适合补贴的对象并发放到位，而能够掏出来的真金白银的渠道无非三个：动用财政预备费；挪用其他项目资金；临时借款。这些成本都是现实可见的：预备费数额有限，一旦动用就意味着政府能够腾挪的空间更小；挪用其他项目资金，特别是如果时间比较长的话，会耽误政府其他职能；借款一方面要负担利息成本以及未来需要征税偿还，更重要的是地方政府一般无权自行举债。而强制居民居家隔离，从财政来看最主要的成本是利用现有的政务系统去执行，再加上增加隔离设施、增雇临时人员的成本以及要求现有公职人员额外奉献的时间精力。所以从直接的财政成本逻辑看，政府特别是地方政府会自然地倾向于采用强制手段。而且，在政府看来，采用补贴诱导机制也可能无法让居民自觉居家隔离，到最后还是要动用强制手段加以配合。

可是，强制居家隔离看起来成本低，但也存在不少间接成本。这些间接成本包括：各行各业（尤其服务业）因隔离造成巨大的营业收入损失，尤其许多中小企业可能因隔离管控而倒闭，进而影响就业；居民为配合居家隔离造成的职业收入损失和生活困苦；因不能及时就医带来的生命与身体健康损失；还有因长期隔绝在家带来的众多心理问题。

如果我们认为疫情防控是马斯格雷夫所说的有益品的话，那么政府采用强制居家还是补贴居家（也许仍需部分强制手段加以配合），不仅要考虑成本，还要看收入分配方面的效应。要知道，疫情对经济的冲击特别是居家隔离对收入的影响，对每个人来说是非常不同的。无论是把税收看作是政府服务的代价还是把它看作是民众为安全而缴纳的保险费，在部分民众生活陷入困境甚至生命受到威胁之际，政府用真金白银（负税收）来提供物质上的帮助是应该的。与此同时，补贴也是心理上的一种抚慰，人在心理上有一种自然的正义倾向，那就是损害必得补偿；居家隔离虽然可能有必要但确实是一种损害，政府提供补贴能减轻其受害的感觉。当然，发放补贴所需金钱，最终需要征税、节省开支、减少低效支出等方式解决。

2. 问：我感觉，采取群体免疫是一种深思熟虑后的选择：首先，新冠肺炎是一种病毒性传染病，它不可能在短期内根除或完全控制；其次，它对生命的威胁已经没有那么大；最后，如果让经济和社会生活停摆，政府又要给民众大量发钱，将会背上沉重的财政包袱——因此，难以长期维持。你怎么看？

答：我个人并非公共卫生研究者，只能从财政学角度来尝试回答你问题中涉及的不同疫情管理方案的成本－收益计算问题。

从财政学看，疫情处置方案的选择，无非是在不同方案之间进行成本与收益的计算，而成本－收益计算，是任何一本财政学教科书都要讨论的话题。宣称疫情防控要不计成本、不惜代价，从经济角度看并不正确，而且这么说的人实际上也进行了成本与收益的计算。事实上，哪怕涉及生命，也依然有成本－收益计算的问题。比如人们常说的一个例子，每年死于车祸的人为数不少，可是我们不会禁绝汽车的使用。

在不同疫情防控政策之间进行选择，就是对不同政策产生的成本和收益进行衡量，计算社会在不同政策下的净收益。问题是，应该由谁来衡量社会净收益？财政思想史上至少有三种意见。

第一种意见的代表是英国哲学家霍布斯。他的意思是，我们应该委托一个人来替我们决定，用这个受托者感觉到的成本收益充当社会的成本收益状况。霍布斯建议的受托者是王朝君主，认为在君主身上公共利益和私人利益能够最和谐地融为一体。就是说，为了王朝延续、江山永固这样的私人利益，君主会致力于保障民众安全与社会福利这样的公共利益，因此由君主来代替众人从事成本收益分析，就能选择出实现社会净收益最大化的方案。这种程序的优点是有利于迅速行动，缺点是受托人进行成本－收益衡量，是根据自己的效用函数进行的，未必真正符合公共利益。霍布斯的看法很多时候并不正确，图一时之快，既损害自己地位、家族江山又伤害民众利益的昏君，在历史上比比皆是。

第二种意见的代表是意大利财政学家潘塔莱奥尼。他的意思是，应该由民主选举产生的国会来衡量公共政策的成本与收益，这样的收益不仅要考虑单项政策自身的收益，还要考虑不同政策之间的收益对比，由此选择净收益最大的方案。当然，国会最终的决策结果，又取决于国会中的平均智力水平。

第三种意见的代表是著名思想家熊彼特。在他看来，并不存在客观的、可以论证的，且与私人利益毫无关系的公共利益存在，以至于可以用它来指引实际的决策进程（收益计算）。他认为，就像市场竞争过程把市场中追求个人私利的行为导向实现社会利益一样，只要政治中广泛存在竞争行为（政治候选人竞争、公共政策方案竞争），就可以像市场竞争那样，最终导向公共利益的实现。

当然，以上三种成本－收益的决策程序，可能并非绝对地排斥。像疫情这样的公共卫生危机突然爆发、需要快速决策以应对危机之时，霍布斯式由受托人决策可能是妥当的，即由事先选举产生的领导人在适当咨询有关专家的前提下作出快速决策，以他认定的净收益充当社会收益是可行的。可是在疫情持续一段时间后，在时间已经相对充裕的条件下，熊彼特式决策程序就值得重视了，那就是说需要有多个方案不断地竞争、有多个主体分别就成本和收益发表自己的竞争性意见。最终的决策似乎是潘塔莱奥尼式的，就是说应该交由民众选举产生代议机构讨论、最终事实上由代议机构的平均智力决定该采用什么样的方案。

3. 问：经济学家弗里德曼说过的话："花自己的钱办自己的事，最为经济；花自己的钱给别人办事，最有效率；花别人的钱为自己办事，最为浪费；花别人的钱为别人办事，最不负责任。"从经济学和财政的角度，你怎么看待疫情防控中成本的承担问题？

答：从经济学上看，在面对不确定的未来时，要能够实现决策的效率，有一个必要的条件就是决策主体要有健全的激励和约束相容的机制，权力与责任（风险）的分布应尽可能对称，其中最重要的就是让享受收益的人承担成本，就是你说的花自己的钱办自己的事，当然收益（或者损失）也归自己。如果决策时没有利益的约束，这样的决策就是一种廉价决策，为决策而投票的权利就是一种廉价投票权，这是无法实现效率的。以企业为例，要保证承担经营决策的企业成员能够作出合理决策，就一定要实现激励和约束的相容，主要体现在企业中的权力（经济学中称为剩余控制权，即除合同或企业制度明确限定的权力归属之外无特别规定的决策权）与收益（经济学中称为剩余索取权，即对企业收入在扣除所有固定的合同支付后剩余额的要求权）的安排应尽可能匹配，权力（剩余控制权）越大，收益（剩余索取权）就应该越大，反之亦然，这样才能合理解决激励机制的问题。没有权力，收益就无法得到保障，股东的权益就会受到损害；而没有收益的权力，由于没有相关的个人利益，既不会因行使权力成功而获益，也不会因失败而遭受损失，这就会变成一种廉价投票权。这也是为什么私人企业的效率总体而言高于国有企业的原因所在。

这样的权力与责任匹配、收益与成本同时决策的道理，在财政学上也得到特别的强调，其中最为重要的代表是瑞典财政学家维克塞尔，他的想法后来被布坎南等人发展为“公共选择理论”。维克塞尔特别反对前面说到的霍布斯式决策者的形象，即把政府抽象化为一个开明、仁慈的君主。他认为，把财政中税收（成本）与支出（收益）的决策交给一个受托者是远远不够的，因为在实践中霍布斯式决策者并不是纯粹的、没有自己想法、只以促进社会福利为目的的人。所以，财政决策不能依靠某个仁慈君主或有人格的实体，也不能指望个人放弃自利行为，而应该依靠一种程序，即给“自利安排适当的位置，以便能用它来保护合法的利益”。

维克塞尔的决策程序是一整套的投票机制，由以下三个部分组成：(1) 财政决策取决于集体中所有成员的主观评价，政策收益与成本之间的关系，在理论上应该由集体中的所有人一起磋商，在现实中只能由他们的代表（即国会议员）来投票进行。(2) 政府支出（收益）的数量与结构，必须跟税负（成本）分摊方式方同时进行表决：想要更多的公共服务收益，纳税人就必须多承担成本；要想少承担税收成本，政府支出就必然要少。(3) 必须以全体一致的方式来作出决定。

如果说前面两个部分（由代议机构决策、税收与支出同时表决）能够理解的话，对第三个部分（达成全体一致）我们可能觉得有点不可思议。维克塞尔解释说，在审批为某项公共服务筹资的税收分摊方案时，议会如果采用通常的简单多数的表决规则，很可能出现的是，有些纳税人从这项公共服务中获得的收益少于他们交纳的税收。如果要求他们接受收益少于成本的方案，那这些纳税人就不是基于自愿而只是被迫纳税，而“强制本身总是一种恶”，它显然不是一种正义的状态。由于全体一致很难达成，维克塞尔后来放松到近乎全体一致或者有效多数。

所以疫情防控措施，也应该尽可能地健全激励与约束机制，应由同一个主体或者至少在同一个空间中衡量决策的成本与收益，即由地方政府承担决策成本并享受可能的收益，而不能让其他主体承担决策成本。

4. 问：印度、巴基斯坦等不富裕的国家都实现了全民免费医疗。过往几年，全国政协委员、北京中医药大学国学院院长张其成不断对外阐述“免费医疗”的理念，这个问题的背后，有国民对解决“看病贵”难题的期待，有医保经济学家的精密计算，更有医疗服务体系的合理构建。对于全民免费医疗，你怎么看？

答：包括医疗保险在内的社会保障制度，从理念上来说主要有两大类型：一种是市场补缺型，就是说主要依赖市场，由个人从市场上购买保险产品来应对医疗、养老、失业、贫困等风险，在市场提供不足（比如真正的穷人根本无力购买保险）或者说市场有缺陷时，政府才通过财政资金来补充缺额部分；另一种是全民福利型，即由国家统一用税收（一般税收与专项税收）来提供从婴儿到老年所有的医疗、照顾、教育培训、养老等福利（一般专款专用），你说的全民免费医疗就包括在内。

从经济学原理上说，市场补缺型制度似乎最直接，让市场发挥主要的保险功能，在市场有缺陷的地方再由政府来打个补丁。但问题在于，如果补丁太多，似乎换件新衣服会更好。《国家的财政面相》一书中，我个人支持全民福利型制度，就是说由政府来统一提供包括全民免费医疗在内的福利，在此基础上市场可以发挥补充作用（比如说个人通过购买保险产品来加强自己在医疗、养老等方面的保障）。原因有以下几个方面。

首先，人们常说的全民福利（包括全民免费医疗）成本过高是难以成立的。从总量上来说，如果民众在市场补缺型模式下，能够主要通过购买市场保险（加上政府部分补贴）负担自己的福利成本的话，没有道理说，全民福利制度下就无法承担同样的福利成本，除非认为全民福利型制度的运行成本远远高于市场补缺型制度。以医疗保险为例，无论是美国的经验（比如对 65 岁以上老人提供免费医疗）还是欧洲全民免费医疗国家的经验，由国家统一提供医疗保险的成本并不比市场提供医疗保险高（实际上是更低）。反对全民免费医疗的著名思想家哈耶克在《自由秩序原理》一书中承认，就某一特定的时间来讲，由当局遴选专家建立统一的保险组织，确有可能做到高效，不过他认为就长期来看，一切不受竞争挑战的垄断都会随着时间流逝而导致低效，而且它可能给政府过大的权力以至于限制了人们在市场上的选择自由。他的担心值得我们重视，不过，就欧洲尤其北欧的经验看，效率的下降并不明显。而且，在一个民主国家，如果说一种专款专用的统一社保制度会威胁人们的自由，未免有些夸张。可能在某些方面，它确实限制了选择自由，但在其他方面也扩大了自由，让人们免于对疾病、失业、养老的恐惧。当然，说这些并不是说全民福利制度不需要在社保精算方面努力。在能够负担的福利类型与成本衡量方面当然需要注意，特别是建设进程的节奏需要控制，但是全民福利型制度的总体目标是值得追求的。

其次，全民福利型制度是真正地以人为本。那些支持市场补缺型制度的人，有一个简单的想法，那就是如果没有贫困的威胁，就没有人会努力地劳动，这样就没有经济的发展，最终也没有福利可供所有人享受，这被称为“困境催人强”。瑞典社民党在党纲中对此的讽刺性回答是，人是经济发展最宝贵的资源，困境催人强好像是说人变得疲惫不堪、体弱多病时，社会经济反倒强盛起来。全民福利型制度当然需要避免消极地单纯给钱，而应该围绕着全面提高人力资本为中心，在医疗健康、教育培训、儿童抚育、家庭照顾等多方面，对“人”投资，提高人的健康状况、教育水平、技术能力，让劳动力市场更具灵活性，在市场上找到好工作。这样既能促进经济的增长，又让劳动者在相当程度上摆脱单纯商品的命运，劳动者的自由程度会因此更大（在必要时可以自由地选择不工作，而无需担心会失去工作、收入或一般福利），这样的社会也更公正。全民福利模式在实践中也没有出现鼓励懒人的现象，在北欧这样的全民福利国家，职工缺勤和自愿失业的比率甚至低于美国这样的市场补缺型模式的国家。

最后，全民福利模式所要求的高税收未必会带来想象中的灾难。全民福利模式确实需要比较高的税收水平，为此许多人认为这样的高税收会为企业或者高收入劳动者（也是最有生产效率的劳动者）带来灾难性的后果。税收低固然可以降低竞争性企业的成本，但是高税收只要能善加利用，比如说用于教育培训、技术开发以及其他类似项目，也能提高企业的竞争力。这样的企业竞争力基础如下：生产高质量的产品；实现产品和生产流程的创新；利用训练有素的劳动力；依赖最先进的技术基础设施等。实行全民福利的北欧学者用自己国家相对于美国来说更高的增长率、更低的赤字水平、更多的人均 GDP 来论证说，“高税收实际上可能是制度竞争力的一个重要而有益的来源，而不是一个障碍”。当然，在当前全球化时代，高税收可能会受限于国际资本竞争，为了鼓励资本流入，国家之间有可能会展开税收的恶性逐底竞争。在此方面，除了用高税收提供更好的投资环境和更高素质的劳动力外，需要有国际间针对税收恶性竞争的合作。2021 年 10 月的 G20 峰会上，来自世界最大的 20 个经济体领导人支持签订 15%的全球最低企业税率协议，在此方面迈出了重要的一步。

后　记

感谢上海远东出版社曹建社长的青眼有加，嘱我将《国家的财政面相》的内容改出一个精编版。如今拿出这本薄薄的仅10多万字的《何以现代》，总算有了一个交代。

在我的《国家的财政面相》出版后，有读者朋友向我反映，这本书太厚太专业了。确实，在今天这样一个快速变化的时代，阅读一本50多万字且充满学术术语的著作（虽然我已做了一些普及性的改编），负担是沉重了一些。恰好2022年我改自《财政中国三千年》的精编版（《何以帝国》）出版后，受到了一些朋友的肯定，这就给了我一点点信心来改编《国家的财政面相》。希望这样的精编版，能得到朋友们的喜欢。

人文社科学者在写作时，总是处于矛盾之中。一方面，不得不写得专业一些，以便能得到同行的认可，为此不免要牺牲通俗性；另一方面又希望自己的作品能触及更多的读者，能对社会的发展贡献一点力量，为此就不得不牺牲一些专业性。也许像我现在这样，把自己的作品改编为不同的版本，适应不同的读者群体，是一个可行的解决方案。独坐书斋、凌空蹈虚，可能并不是学者该有的做法；而设法把自己的研究成果交付给更多的读者，我想应该是学者的责任。就像马克思当年教导的，“思想的闪电一旦彻底击中这块素朴的人民园地，德国人就会解放成为人”。

当然，自己写出来的东西能否成为思想的闪电，考验学者的智慧与良心。不过，恐怕也很难有客观的标准来判断这一点。也许一个好的办法是，创造一个有竞争性的思想市场，让学者的思想、不同的作品彼此竞争，最终能够沉淀、能被接受的才有可能是真正的闪电。

这本书的主题是向读者朋友介绍西方在走向现代国家进程中呈现出来的财政智慧，同时自己还想重温一下中国人二百年来“广求知识于宇内”的那种豪气。在当前强调文化自信、强调走自己的道路固然是对的，但承认自身有不足并努力向他人学习，何尝不也是自信？寻找在中国实现现代化的智慧，需要放低身段去努力学习，而狂傲永远要不得。

最后，习惯性地引一首诗，结束我的后记和这本书。

三十年来寻剑客，
几回落叶又抽枝。
自从一见桃花后，
直至如今更不疑。

刘守刚

2023 年 2 月

通过考察西方的财政智慧

进一步思考

中国走向现代国家的方向、路径与动力

图书在版编目（CIP）数据

何以现代：来自西方的财政智慧 / 刘守刚著. —上海：上海远东出版社，2023

（何以国家论丛）

ISBN 978-7-5476-1908-7

Ⅰ.①何… Ⅱ.①刘… Ⅲ.①财政—经济思想史—西方国家 ②税收管理—经济思想史—西方国家 Ⅳ.①F811.9

中国国家版本馆 CIP 数据核字（2023）第 070769 号

出 品 人 曹 建
责任编辑 王智丽
封面设计 人马艺术设计·储平

何以现代：来自西方的财政智慧

刘守刚 著

出 版 上海遠東出版社
（201101 上海市闵行区号景路 159 弄 C 座）
发 行 上海人民出版社发行中心
印 刷 上海颛辉印刷厂有限公司
开 本 890×1240 1/32
印 张 7.75
插 页 2
字 数 160,000
版 次 2023 年 7 月第 1 版
印 次 2024 年 9 月第 2 次印刷
ISBN 978-7-5476-1908-7/F·713
定 价 68.00 元